TARÔ DO ARCO-ÍRIS

Marcela García

TARÔ DO ARCO-ÍRIS

ISIS
EDITORA

© Publicado em 2020 pela Editora Isis.

Revisão de textos: Ana Paula Enes

Diagramação e capa: Décio Lopes

DADOS DE CATALOGAÇÃO DA PUBLICAÇÃO

García, Marcela

Tarô do Arco-Iris/Marcela García | 1ª edição | São Paulo, SP | Editora Isis, 2020.

ISBN: 978-85-8189-092-0

1. Tarô 2. Arte Divinatória I. Título.

EDITORA ISIS LTDA
www.editoraisis.com.br
contato@editoraisis.com.br

SUMÁRIO

O ARCO-ÍRIS, GRANDE ESPETÁCULO DA NATUREZA

O arco-íris é o sorriso de Deus.

Angeluos

"Quando chove e faz sol, sai o arco-íris do Senhor", diz um ditado popular.

Desde que o ser humano caminha sobre a terra, poucos fenômenos naturais têm chamado nossa atenção e nos encantado tanto como o arco-íris. Acontece que alguns objetos ou materiais transparentes, como o vidro e a água, têm a particularidade de refletir a luz que, por sua vez, é dividida em uma série de raios coloridos. Por isso, quando os raios do sol iluminam um grande número de gotas de chuva, cada gota d'água é refletida ao penetrar no raio da luz solar, porém, são separadas pela variedade de cores que formam a luz branca. Em razão do fenômeno de refração, a luz refletida não sai por onde entrou, mas forma exatamente um ângulo de 42 graus, com a trajetória do raio inicial (por isso não podemos vê-la), uma vez que não estamos situados no sol. Na verdade, a visão do arco-íris é apenas possível quando o sol está localizado nas costas do observador e na frente dele se percebe uma cortina de chuva; consequentemente, nas primeiras horas do dia, o arco-íris é apenas visível no lado oeste do céu; ao meio-dia, quando aparece, será no lado norte; nas horas vespertinas, no leste. Além disso, embora não vejamos assim, o arco-íris é, na verdade, uma circunferência completa, cujo centro se encontra no ponto da esfera celeste, oposto ao lugar que ocupa o sol no instante da observação, portanto, esse centro costuma encontrar-se abaixo do horizonte. Por isso, quando estamos sobre o nível do mar, apenas podemos ver uma parte da circunferência, ou seja, um arco. A circunferência completa pode ser vista de um avião, sempre que a cortina de chuva tenha suficiente espaço de desenvolvimento. Em certas ocasiões, podem ser contemplados dois arcos distintos, assim, o segundo tem um diâmetro maior que o primeiro e suas cores estão em ordem inversa, ou seja, o vermelho na parte inferior. O arco-íris pode ser visto também na neblina, assim como na água pulverizada de cachoeiras e cataratas.

"Quem vê um arco-íris não morre de sede", diz a sabedoria camponesa, ressaltando sua associação com a chuva. Assim como existem outros ditados referentes à sua posição no céu: *"Vê um arco-íris pela manhã, então leva o guarda-chuva"; "Ver um arco-íris no poente reflete no cultivo e no ventre"; "Arco-íris na serra, bom tempo os espera"; e também: "Arco-íris ao meio-dia chove todo dia"*.

Chamado também de Arco da Neblina, Arco do Céu, Arco de São João e Arco de San Martin, o nome mais conhecido se deve à deusa grega Íris, filha de Electra e do titã Taumante. Como mensageira do deus Zeus e de sua esposa Hera, Íris abandonou o Olimpo apenas para transmitir os divinos mandatos à humanidade, por ser considerada uma boa conselheira e orientadora. Viajando na velocidade do vento, Íris poderia ir rapidamente de um extremo ao outro da Terra, até o fundo do mar ou ainda às profundezas do submundo. Como era irmã dos monstros alados, conhecidos como harpias, Íris representava uma jovem charmosa, com asas, mantinha uma túnica de cores brilhantes e uma auréola de luz sobre a cabeça. Ao cruzar o céu deixava um largo rastro, o que chamamos hoje de Arco-íris.

No Cristianismo, o arco-íris tem desempenhado um importante papel nas representações pictóricas religiosas e na ampla iconografia medieval, indicando a ideia bíblica da aliança entre Deus e os seres humanos, conforme se relata no Gênesis, em seu versículo de 9 a 13:

"Colocarei o meu arco nas nuvens e ele se tornará um sinal fulgurante da Aliança entre mim e a terra! Quando Eu reunir as nuvens sobre a terra e o arco surgir por entre as nuvens, eu me lembrarei da Aliança que há entre mim e vós e todos os seres vivos de toda a carne. E as águas nunca mais se tornarão um dilúvio para destruir toda forma de vida".

Na mitologia escandinava, Asgard era o reino dos deuses, que foi construído por Odín e algumas deusas no início dos tempos. Os mortais não tinham acesso a Asgard, entretanto, existia uma ponte que comunicava Asgard (o céu) com Midgard (a terra) e essa ponte era Bifrost (o Arco-íris), usado pelos deuses quando tinham que vir a este mundo para solucionar algum problema.

Para os incas do Peru, o Arco-íris, ou Kuichi, era o filho da Chuva, capaz de agarrar o Sol e a Lua. Ninguém o podia olhar de frente sem tapar a boca, pois poderiam cair todos os dentes.

Os índios do Caribe contam a seguinte lenda: há muitos anos, em sua região, não havia um rio caudaloso e, num belo dia, nasceu Car, filho do cacique. Essa criança ficou doente e sua única salvação seria beber muita água doce. Sua mãe chorou muito e suas lágrimas, por serem salgadas, agravaram ainda mais a saúde da criança. O cacique, por sua vez, repleto de fúria e tristeza, descarregou toda sua raiva contra o solo da ilha, formando um grande buraco. Finalmente, em um dia 13, os deuses enviaram muita chuva, mas o cacique acabou morrendo afogado no lago formado no buraco criado pelos seus próprios golpes. Segundo mandava a tradição, os membros da tribo depositaram todo o ouro que o cacique possuía em seu túmulo aquático. Agora, quando os raios do sol refletem no lago, o brilho desse ouro forma um arco-íris.

Na Venezuela o arco-íris é um duende que gosta de cabelos dourados, por isso as crianças com essa cor de cabelo não devem sair sem levar uma medalha que as proteja, evitando assim que os duendes a levem. No Japão, no Havaí e na maioria dos povos do Pacífico asiático, o arco-íris é uma ponte que comunica o céu com a Terra.

Na umbanda brasileira, o arco-íris é Oxumarê, aquele que representa os ciclos vitais e a comunicação entre o Céu e a Terra. É também o orixá da riqueza, da prosperidade, do dinheiro e da abundância. Seu animal é a serpente e tem todas as cores do arco-íris, assim como especialmente a cor do ouro.

As lendas irlandesas nos falam de gnomos e de um pote cheio de moedas que estaria enterrado precisamente embaixo do arco-íris.

Esse símbolo ancestral, que tem sido utilizado e idolatrado amplamente por todos os povos, está sendo recuperado agora pelo Ocidente e incorporado à iconografia audiovisual. Assim vemos que países, empresas, organizações e associações com diversos fins, incorporam a figura do arco-íris em seus escudos, bandeiras e emblemas por considerá-lo um símbolo de alegria, vida, pureza, esperança, prosperidade, abundância, paz e amor. Lamentavelmente, para a maioria dos habitantes das cidades, são raras as vezes em que se consegue ver um arco-íris, que representa apenas uma vaga lembrança, talvez uma recordação da infância, dos dias de campo, das paisagens abertas, da luz, da natureza ou da cor.

O TARÔ DO ARCO-ÍRIS

Nascemos num destino mais elevado do que nos espera na Terra.
Há um reino onde o arco-íris jamais desaparece,
onde as estrelas são como ilhas no oceano e onde os
seres que agora passam como sombras diante de nós,
permanecem para sempre em nossa lembrança.
E.G. Bulwer-Lyttton

Tarô é um instrumento que nos permite vislumbrar ou até mesmo ter acesso – conforme seja o esforço ou a inspiração de cada um – a esse reino mencionado pelo autor de *Zanoni e a Raça Futura*, em que o arco-íris nunca desaparece. Trata-se de um reino que vai além do tempo e do espaço, onde estamos todos presos dentro de uma jaula. As figuras dos arcanos do Tarô são essenciais para abrir a porta que une esse mundo ao outro. Uma porta que comunica a mente consciente com a subconsciente, assim como a Terra com o céu. Por outro lado, o arco-íris, como ligação entre o céu e a Terra, é também uma via de acesso na qual os mortais podem chegar à morada dos deuses, por isso é considerado símbolo de um caminho de iniciação. É um caminho onde a luz e a cor – especialmente suas vibrações mais sutis – ocupam um lugar primordial.

De todos os sentidos do ser humano, a visão é a mais desenvolvida e a que recebe quase que 83% de todas as impressões sensitivas. Comparando com os demais sentidos, a audição corresponde apenas a 11% e o olfato ainda menos, somente a 3,5%. Não é de se estranhar que a luz e a cor tenham tanta influência sobre nosso estado de ânimo e bem-estar. O efeito contrário também acontece: nosso estado de espírito e nosso caráter também influenciam a interpretação das percepções visuais, assim como das cores. Há milhares de anos, os ocultistas revelaram o significado profundo de cada uma das cores que formam o arco-íris e, consequentemente, atribuíram-lhes seus próprios valores. O vermelho, o laranja, o amarelo, o verde, o azul, o anil e o violeta são cores que por si só possuem atribuições, qualidades e efeitos que os tornam diferentes em sua forma de ser, além da sua clara diferença em termos visuais. A cromoterapia é um dos métodos terapêuticos mais antigos, baseada no princípio da força curativa da luz solar e das cores que a compõe. Importantes culturas já desaparecidas utilizaram a cromoterapia para aliviar diversos transtornos. Durante milhares de anos, o Sol representou a divindade e, por isso, seus raios possuíam forças curativas sobrenaturais. Os incas, os maias e os egípcios professavam um autêntico culto ao Sol, com templos construídos expressamente para tal fim. Com o tempo se chegou à conclusão de que cada uma das cores tinha uma ação específica e, por essa razão, também lhe atribuíram diferentes deuses. No Egito, por exemplo, o vermelho estava relacionado com Amon, o amarelo com Hórus, o verde com Osíris e o azul com Anúbis. Na Grécia Antiga, associava-se o amarelo com Apolo, o verde com Afrodite e o azul com Zeus. Os sacerdotes dessa época eram também curadores e, assim, tanto a salvação com a saúde estavam em boas mãos. Os egípcios construíam templos com sete salas, de acordo com as sete cores do arco-íris. O paciente entrava na sala de determinada cor, conforme a sua necessidade, para tomar um banho de cor curativa. A rainha Nefertiti, que viveu por volta do ano 1350 a.C., mandava o médico da corte preparar óleos de banho de diferentes cores para aumentar seu bem-estar e sua beleza. Os banhos estimulantes tinham a cor púrpura, os relaxantes a cor verde ou azul, segundo as narrações dessa época.

Cada uma das sete cores do arco-íris apresenta característica particular, ou seja, é uma unidade autônoma que, por sua vez, representa a totalidade, unindo sutilmente suas extremidades com as cores adjacentes, de modo a configurar esse surpreendente fenômeno da natureza.

Os estudiosos da simbologia oculta se dedicaram totalmente a explicar o significado das cores usadas nas versões clássicas do tarô. Cada carta correspondia a uma cor primordial e alguns desses estudiosos consideravam uma grave violação qualquer mudança feita a essa concepção cromática.

Entretanto, o Tarô do Arco-íris não leva em consideração as cores que tradicionalmente são apresentadas em cada arcano.

A artista escolheu o arco-íris como pontos de conduta e integrador de todas as cartas desse tarô por uma razão bem simples: quando se aceita o fato de que cada carta manifesta um aspecto do Todo, em vários momentos, e se cada arcano constitui uma parte Única, é oportuno incorporar sua imagem às cores do arco-íris, simplesmente por ser a maior representação e a perfeita síntese da totalidade em termos cromáticos.

As cores do arco-íris constituem um elemento integrador que se apresenta como uma constante em todas as cartas desse tarô por significar, como nenhum outro conjunto cromático, a soma compatível da diversidade e da unidade. Todas as cartas representam o arco-íris de alguma maneira e as cores usadas como fundo para cada um dos arcanos se modificam gradualmente, de tal modo que o conjunto das 78 cartas, compreendidas em ordem consecutiva, permite contemplar um grande arco-íris.

Outros elementos que aparecem constantemente nas 78 cartas que compõem o Tarô do Arco-íris são as cores prata e ouro (expressas em cinza pálido e amarelo ocre). Marcela sugere o princípio da polaridade expressa no significado profundo de cada arcano.

De qualquer forma, a pintora enquadra um desenho oval em cada uma das cartas, a fim de sugerir a presença do ovo cósmico como símbolo da semente ou do princípio, ou seja, de tudo aquilo que contém em si mesmo, todas as possibilidades de crescimento e desenvolvimento, uma vez que a mensagem oculta de cada carta nos remete finalmente ao ponto de partida em cada uma das fases do processo de evolução.

E para complementar a riqueza cromática do arco-íris, o fundo de todas as cartas é preto. Com isso, insiste-se no princípio da dualidade: a luz irradiada pelas cores do arco-íris se contrasta com a escuridão e a ausência de cor sugerida pelo preto. Dessa maneira, o nada no meio do nada é representado pela cor preta e assim surgem as figuras que formam as cartas do Tarô, das quais as cores do arco-íris indicam o caminho supremo. Segundo Jung, o arco-íris é uma ponte entre a Terra e o espírito, mas também representa a serpente celestial e o estado espiritual mais profundo, o que antecede a iluminação.

Queira o Céu que o Tarô do Arco-íris sirva para nos aproximar, mesmo que seja um pouco, a esse sublime estado.

OS ARCANOS MAIORES

O arco-íris é o sorriso que o céu nos envia para
confraternizar-se conosco após a tormenta.

Rabindranath Tagore

As vinte e duas cartas que formam os arcanos maiores consti-tuem o coração do Tarô. Cada uma dessas cartas simboliza um aspecto universal da alma e da experiência humana. Representam modelos, padrões universais relacionados à natureza do ser humano. No Tarô do Arco-íris cada uma dessas 22 cartas têm um nome, um número e uma letra hebraica. Algumas delas parecem transmitir um significado claro como a Força, a Justiça e a Temperança, outras personalizam certo tipo de pessoa ou determinado modo de focar a vida, como o Louco, o Mago, o Imperador e o Eremita. Por outro lado, as cartas com nomes planetários como o Sol, a Lua e a Estrela parecem vincular o Tarô à astrologia, enquanto que a Morte e a Torre nos mostram a desgraça ou a catástrofe do sistema em vigor. No entanto, o Tarô é um livro que pode ser lido em vários níveis. Antigamente, cada uma dessas cartas era utilizada para criar determinados estados mentais e espirituais. Isso implicava numa meditação intensa sobre o arcano ou enigma em questão, assim, essa meditação permitia a compreensão profunda dos seus significados mais ocultos. Ao manter durante certo tempo uma carta na mente, é possível captar e absorver um conhecimento que vai além de poder comunicar-se de maneira oral ou escrita. Segundo Mircea Eliade, "existe uma solidariedade total do gênero humano que não pode ser sentido, mas que, pelo nível e importância das imagens, pode-se dizer muito mais do sujeito do que se diz com palavras". Desse modo, as explicações que seguem – assim como qualquer outra que possa ser lida ou escutada – sobre o significado dos arcanos do Tarô devem ser consideradas apenas como uma simples indicação, como uma testemunha experimentada pelos outros ou então como uma hipótese de trabalho provisório. O verdadeiro sentido de cada uma das cartas chegará de maneira direta ou, quem sabe, por meio de imagens mentais, ideias, sonhos ou intuições.

0 – O Louco

0 – O LOUCO

O Louco corresponde à alegria, ao ânimo e à energia de vida. Relaciona-se com o vento, a liberdade, a bravura e a juventude. A supraconsciência está representada também por essa carta, que lhe atribui o número 0, símbolo do ilimitado e figura que remete ao conceito de princípio, de semente inicial que bloqueia por si só todas as possibilidades.

O Louco se encontra localizado no meio da dualidade hermética acima e abaixo. Contempla serenamente o precipício a que pode ser lançado quando se avança em um caminho, ou então, o abismo a que se esquiva quando retrocede e retifica o rumo dos seus passos.

Sua vestimenta está formada pelas cores do arco-íris, que significam a diversidade de influências e opiniões de que dispõe e que se deve considerar para definir seu caminho. Seu calçado é prateado com bordas douradas, sugerindo um caminhar sobre a dualidade.

No saco dourado, guarda todos os seus pertences, sua história e sua memória, contidas em sua subconsciência. A vara prateada com que sustenta o saco representa a vontade e se associa à magia. A vara e o saco são as ferramentas que finalmente lhe ajudarão a tomar as decisões mais corretas.

Com o braço levantado, segura uma rosa branca que simboliza a pureza de seus desejos, a beleza e a alegria, assim como sua identificação com o reino vegetal.

O cachorro que acompanha o Louco representa o intelecto e também o mundo animal. Alguns desenhos tradicionais apresentam o cachorro mordendo a perna do seu dono; em outros aparece pulando de alegria. No Tarô do Arco-íris o cachorro espera paciente e confiante, pois sabe que seu amo escolherá o caminho certo, uma rota adequada.

O horizonte sugere algumas montanhas que se referem ao mundo mineral, à mãe terra que será fecundada com sementes para gerar uma nova vida. O sol está situado no centro da carta para enfatizar sua importância como principal núcleo de toda energia. É personalizado por meio de um rosto masculino rodeado de oito raios maiores. As características que o astro apresenta nesta carta serão repetidas nas cartas seguintes.

Por ter o número zero, o Louco costuma situar-se no início dos Arcanos Maiores; entretanto, sua colocação pode ser qualquer uma, já que, de alguma forma, é diferente de todas as demais cartas. Isso faz com que o Louco seja imprevisível e cheio de surpresas. Ele nos faz lembrar de todo o potencial e espontaneidade relacionados com cada momento. Com o Louco nada é seguro e nada é como costuma ser, por isso, pode ser o indício de uma situação nova ou pouco habitual. Também representa uma fé total e completa na vida. Uma confiança que merece ser vivida. Alguns consideram que o Louco é muito inocente, mas o fato é que essa inocência lhe proporciona força e alegria.

Significado

Quando a carta o Louco aparece em uma leitura, indica um novo começo, uma mudança de direção ou de rumo. Talvez mostre o fato de que a vida se abre para um novo caminho não isento de aventuras, maravilhas e crescimento pessoal. Pode ser também uma lembrança de que não se deve perder a fé e a confiança de suas faculdades, habilidades e dons. Se atualmente enfrenta alguma situação de dúvida ou precisa tomar alguma decisão importante, o Louco vem dizer para confiar em si mesmo e seguir os impulsos de sua intuição e do seu coração, por mais absurdo que possa parecer.

Invertida

Na posição invertida, o Louco é instável e pouco digno de confiança. Não se deve assumir riscos. Quando se refere a uma pessoa, é sobre alguém da qual não se pode esperar nenhum compromisso sério, nem nos negócios muito menos no amor. É um tipo de pessoa que precisa de mais liberdade do que se pode dar. É melhor não se envolver com ela ou então aceitá-la como é, pois, é pouco provável que possa mudar. Geralmente essa carta invertida indica imprudência e atordoamento, essa qualidade que alguns têm de escolher sempre o pior ou o menos conveniente.

Meditação

A contemplação meditativa do arcano 0 é adequada para conseguir maior liberdade interior, para superarmos nossas faculdades em geral e como preparação para empreender algo novo. No plano psíquico e da saúde, ajuda a nos libertar de certos problemas que nos atrapalham, pois conta com efeitos antidepressivos que regem o elemento ar e o sistema nervoso. Ao mesmo tempo, acalma e tranquiliza, aliviando as taquicardias e arritmias. Auxilia na tomada de decisões sem se equivocar, embora possa parecer irracional aos demais. Também ajuda a estar num momento justo e no lugar adequado, assim como deixando para trás os conceitos e preconceitos sociais.

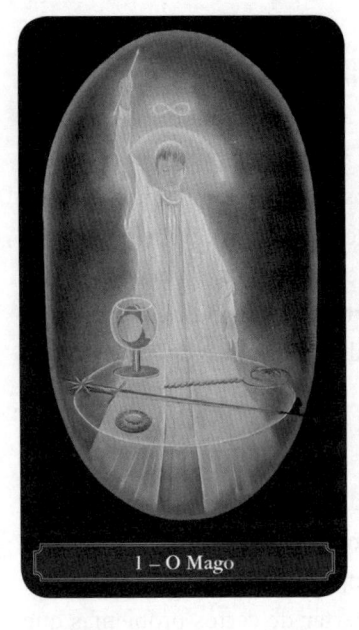

1 – O Mago

1 – O MAGO

O Mago se identifica com a atenção, com a consciência e sugere o estado de iniciação. Relaciona-se também com o Hermes. Concentração, magia, jogo e transformação são alguns dos significados ocultos atribuídos a esse arcano.

Corresponde ao número 1, que indica princípio, unidade, um ponto de partida para a evolução. E isso é precisamente o que faz o Mago: com atitude de atenta concentração se mantém de pé, firme e sereno, com um braço levantado e outro apontando para baixo, em clara correspondência ao princípio hermético, que assegura a igualdade entre o que está acima e o que está abaixo.

O braço levantado sustenta uma vara branca, símbolo da magia. Com ela recebe a energia do Universo, que é depositada em sua mesa de trabalho com a mão que está para baixo.

O mago veste uma túnica com discretos reflexos prateados na parte superior e dourados na borda inferior, para recordar o princípio da dualidade. A túnica tem uma capa que contém as cores do arco-íris e sua cabeça se enquadra na gola que repete os mesmos aspectos. Isso representa a diversidade de ações que podem ser realizadas por meio da atenção e do trabalho oculto.

Sobre sua cabeça flutua o oito horizontal, símbolo do infinito. Em outras versões, esse símbolo se apresenta na cor preta; no Tarô do Arco-íris é branco, para enfatizar sua relação com o entendimento, a pureza e a luz.

Tradicionalmente a mesa do Mago é representada como um objeto de madeira, elaborada com materiais surgidos da terra. No Tarô do Arco-íris vemos uma mesa transparente que pode ser de cristal ou que simplesmente toma a forma de uma porção de vento erguida no espaço, pelo fato do Mago ter faculdades que conseguem modificar as qualidades da matéria.

Sobre a mesa do Mago descansam os quatro elementos transformados em instrumentos de trabalho:

- A copa ou taça representa o elemento água. Sua base é feita de ouro e prata; o recipiente cristalino guarda em seu interior a lua como símbolo da memória e da imaginação.

- A espada representa o ar e é feita de aço e ouro. No extremo de sua empunhadura encontra-se uma estrela de oito pontas, que se refere à rosa dos ventos.

- O bastão, cetro ou vara é um símbolo associado à vontade, mantém correspondência com o elemento fogo e, consequentemente, é feita de ouro. Sua base é formada por uma espiral de doze voltas em direta alusão aos signos do zodíaco e aos meses do ano. No extremo superior encontra-se a espiral que simboliza o constante movimento rumo à evolução.

- A moeda, ouro ou pentáculo se identifica com o elemento terra. Em seu desenho aparece o sol como fonte provedora da energia cósmica.

O desenho dos quatro instrumentos que aparecem na mesa do Mago conserva-se sem modificações nas seguintes cartas, assim como nos quatro paus dos arcanos menores.

O Mago é o protótipo do princípio ativo e masculino, que alcança tudo aquilo a que se propõe. Simboliza o poder e o acesso às forças universais, assim como as utiliza para propósitos criativos. Suas capacidades e habilidades podem parecer mágicas, já que sua vontade permite conquistas que podem ser consideradas milagres.

Mas o que o Mago faz de tão poderoso? Em primeiro lugar, não tem medo de agir, tem fé em si mesmo e está disposto a utilizar essa fé. Sabe também, perfeitamente, o que quer fazer e o porquê de fazer. Não tem dúvidas porque sabe perfeitamente sua situação. Além disso, está totalmente concentrado e focado no que está fazendo. Enquanto nos faz lembrar a procedência de seu poder, o Mago é o canal perfeito para realizar milagres.

Significado

Quando aparece, costuma indicar que poderosas forças criativas estão à sua disposição, se for capaz de manter a consciência e a concentração necessárias. Essa carta, muitas vezes, é um sinal de que se deve agir imediatamente sempre que souber exatamente aquilo que deseja ou esteja decidido a conquistar, assim como um compromisso com a questão. O Mago nos diz também que é possível sair de uma situação delicada com as próprias ferramentas ou conhecimentos, que a solução está em cada um e que, além disso, será menos vulnerável às decepções, ou seja, haverá mais coragem e decisão. No campo financeiro, é um bom momento para realizar pequenos investimentos, aqueles em que se espera frutos no curto prazo. Se a Roda da Fortuna ou o Sol estiverem próximos do Mago na tiragem, pode-se arriscar muito mais, tanto no âmbito temporal como na envergadura desses investimentos.

Invertida

Projetos improdutivos. Muito esforço para realizar algo, mas com pouco ou nenhum resultado. Também pode indicar indecisão, medo de agir ou má utilização das faculdades e habilidades. Adverte que se deve ser prudente, pois existe o risco de precipitação com o empreendimento de alguma aventura da qual não se sente seguro de sair vitorioso e essa insegurança levará ao fracasso.

Meditação

É conveniente observar essa carta quando precisamos trabalhar e nos sentimos preguiçosos, pois ativa a vontade. Ajuda a superar a fadiga intelectual e também a conseguir nossos propósitos. Costuma--se dizer que sua observação evita problemas psicomotores, melhora a artrite, a gagueira, a dislexia e certos problemas respiratórios e digestivos. Aparentemente, possui também efeitos diuréticos que poderiam ajudar a emagrecer. Aumenta a telepatia e o poder mental, assim como facilita o estudo de idiomas estrangeiros. É única para evitar qualquer tipo de erro, inclusive o autoengano. Pode ser utilizada para transformar nosso modo de vida, sobretudo quando temos dúvidas ou ofuscamos o caminho que devemos seguir, especialmente no campo profissional.

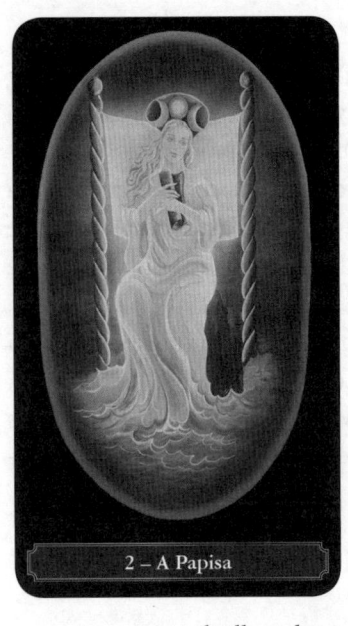

2 – A Papisa

2 – A PAPISA

A palavra chave que define a carta da Papisa, também chamada de Sacerdotisa, é Memória. A água se relaciona com a subconsciência e é a atribuição oculta desse arcano. Vestida de azul, as pregas do seu traje e as ondas que a rodeiam são as mesmas.

A água veste a sacerdotisa e seu traje transforma-se em um mar infinito, como resultado da perfeita integração das partes que formam um todo. A Lua, a subconsciência, e a mãe Terra são elementos profundamente vinculados a essa carta.

A coroa que brilha sobre a cabeça da Papisa apresenta a primeira insinuação de dualidade, tanto pelos metais, com os quais estão elaborados (de ouro e prata), como pelas luas crescente e minguante, que sugerem duplicação, correlação, associação, reflexo e periodicidade. O círculo da perfeição une as duas forças e o conjunto do seu penteado se enquadra em uma figura oval, que remete uma vez mais ao conceito da semente latente.

Suas mãos seguram um pergaminho, que contém um registro rigoroso e preciso de todas as experiências, e dados que descansam no fundo da subconsciência e que alimentam a memória. Esse pergaminho está enrolado de tal maneira que uma de suas extremidades desenha uma espiral para indicar que a experiência será sempre enriquecedora por meio de novas aprendizagens, como parte do processo de evolução.

As colunas, elementos arquitetônicos responsáveis pelo sustento, constituem uma nova evocação para o princípio da polaridade. Simbolizam os pares de opostos. Um está construído em ouro, o outro em prata, e cada um deles está formado por uma espiral de 12 raios,

12 alusões astrológicas, que se estabelecem como pilares cósmicos e como portas de entrada para o caminho da evolução.

O véu que une as duas colunas simboliza a virgindade não explorada. Representa também o oculto, a proteção e o segredo que será revelado no momento oportuno, além de determinar uma diferença sutil entre os mundos exterior e interior. O véu contém todas as cores do arco-íris como símbolo da diversidade de conhecimentos que aguardam ser descobertos. Outra função do véu é servir como ponto de união para os pares de opostos representados pelas colunas.

Nessa carta, a fonte de luz parte do centro para as colunas e para a própria Papisa, gerada precisamente no resplandecente véu.

A Papisa é o princípio feminino que vem equilibrar o masculino representado pelo Mago. No Tarô, o protótipo feminino está dividido entre a Papisa (ou Sacerdotisa) e a Imperatriz; a primeira personaliza o mistério e o desconhecido que há em toda mulher.

Significado

Esse é um arcano que se refere às emoções, aos sentimentos e ao lado feminino que possui todo ser humano. Também trata do conhecimento que existe em nosso interior, fruto da reflexão, da meditação sobre nosso modo de reagir e sentir diante do que nos rodeia. A Papisa nos obriga a nos conectar com nossa experiência interior e a deixar, momentaneamente de lado, o conhecimento externo. Quando aparece em uma leitura, pode indicar a necessidade de aprofundamento em algum assunto, de olhar além do evidente ou das aparências e tentar chegar o que está oculto. Isso nos faz lembrar também a imensidão do nosso potencial e as ilimitadas possibilidades que temos em nosso interior. Da mesma forma, às vezes, o melhor a fazer é esperar e deixar que as coisas se manifestem. Ocasionalmente, para alcançar nossos objetivos, o mais adequado não é agir, mas simplesmente deixar que a natureza faça seu trabalho e permanecermo-nos atentos. Caso existam bloqueios ou obstáculos do tipo emocional, eles desaparecerão antes da Lua nova.

Invertida

As energias emocionais podem estar bloqueando seu progresso em algum campo. É necessário tomar as devidas decisões da maneira mais desapegada possível. Se a tiragem da carta tem a ver com um conhecimento de tipo vital, o surgimento da Papisa invertida pode indicar que a pessoa fique satisfeita com pequenos e superficiais saberes, sem aprofundar. Da mesma forma, pode significar uma excessiva inclinação ao gozo da sensualidade e do orgulho.

Meditação

A contemplação meditativa dessa carta é adequada para obter o dom da invenção, o sentido do saber, a habilidade para desvendar mistérios, os sentimentos da simetria e da justiça. Também é conveniente observá-la no silêncio e na paz mental, quando há dificuldades com os pais ou situações que afetam mulheres adolescentes, como menstruação, timidez excessiva ou tensão acumulada. A meditação sobre essa carta possibilita melhora na memória e permite recordar momentos que havíamos esquecido, como nomes, entre outros. É ideal para proporcionar mais calma e menos emoção, assim como para viver livre de temores ou medos irracionais. Ajuda a lutar contra a depressão, a insônia, problemas de alergia ou temores repentinos e, especialmente, é de grande ajuda em todos os assuntos ginecológicos, menopausa, fibromas etc. É conveniente observá-la antes de comparecer a exames ou julgamentos de difícil compreensão; ajuda a desenvolver a clarividência e a conseguir o máximo rendimento nas provas. Desenvolve o tato e a diplomacia, ajuda na liberação dos obstáculos que nos impedem e possibilita mais atenção à beleza e ao humor interno. Ajuda a dirigir nossa atenção e concentração rumo ao crescimento pessoal, à capacidade de aproximação de nós mesmos, ao Universo e a um "Todo", de modo silencioso e místico.

3 – A Imperatriz

3 – A IMPERATRIZ

Sendo a esposa do Imperador, a Imperatriz leva em seu ventre uma semente fecundada em direta alusão ao principal significado dessa carta: a fertilidade, imaginação criativa, multiplicação e reprodução. A figura da Imperatriz representa todas as deusas-mães, como Vênus e Afrodite e, obviamente, a mãe Terra, ou seja, a mãe Natureza.

Seu traje contém as cores do arco-íris. Neste caso, a figura do arco-íris representa o sol atravessando a água, ou seja, esboça a energia masculina fecundando a essência feminina.

A coroa da Imperatriz tem uma ponta central que aponta para o alto. Em cada um dos vértices flutuam seis estrelas brancas, doze no total, que representam os signos do zodíaco. Na ponta da coroa está uma estrela a mais, que simboliza a conexão e subordinação com a ordem cósmica. A estrela branca de cinco pontas constitui o símbolo sagrado da harmonia do corpo e do espírito. Essa carta corresponde ao número três, daí vem a importância do triângulo vermelho que se encontra atrás da estrela, recordando a influência da energia ígnea em toda a ação criativa. Esse triângulo expressa a representação do púbis feminino e da água refletida como uma gota que cai, evocando a trindade, a divindade e a intenção de ascender a planos superiores. A coroa é feita de ouro e prata para reiterar a união dos opostos.

A Imperatriz carrega um cetro (ou bastão) de ouro e prata como sinal de poder. A esfera e a cruz representam as naturezas feminina e masculina em perfeita aliança.

O escudo de ouro, de formato oval, representa a figura tradicional do ovo e da semente, de modo que, acima dele, descansa uma pomba (ave sagrada de Afrodite e Vênus). Símbolo do ninho que protege as sementes fecundadas, a pomba representa o fim do dilúvio, propõe a presença do Espírito Santo e da Anunciação de Maria. Por meio dela representa a fertilidade e, em termos atuais, a paz.

Como manifestação dos processos cíclicos, a luz que se encontra abaixo dos pés da Imperatriz recorda que toda criação está sujeita ao movimento rítmico e perfeito da energia cósmica.

O trigo que rodeia a Imperatriz simboliza o resultado da terra cultivada. O que a princípio eram apenas sementes que guardavam promessas da vida, torna-se um campo de pastagem que, ao crescer, deu forma a novas espigas cujas sementes maduras permitem o início de outros ciclos de plantio, germinação, crescimento e colheita.

A Sacerdotisa e a Imperatriz são as duas figuras tradicionais de modelo feminino nos arcanos maiores. Esta última representa a mãe fértil e generosa que reina sobre a Natureza e os ritmos da terra. Dela se brota toda a alegria e o prazer dos sentidos, da mesma forma que a abundância da vida em todas as suas formas.

Significado

A Imperatriz nos aconselha a reforçar nossa conexão com a natureza, que é a base do nosso ser. Frequentemente, certos enganos e falsos prazeres nos separam de nossas raízes e isso nos faz permanecer com os pés bem firmes no chão. Pode referir-se também a qualquer aspecto da maternidade, no entanto, por ser um arcano maior, mais do que pessoas ou circunstâncias concretas, costuma representar aspectos essenciais como a criação da vida em geral e a manutenção cuidadosa de atenção e amor. Também representa todo tipo de abundância. É o chifre da abundância repleto de todas as delícias sensuais, alimentos, prazeres e beleza. Por isso pode indicar também compensações materiais, mas apenas como contrapartida natural de um espírito generoso e aberto. A Imperatriz nos anima sempre a abraçar a vida e sua abundante beleza.

Invertida

Pode indicar ações estéreis. Esforços e trabalhos que não nos renderão frutos. Inatividade, destruição, talentos e trabalhos desperdiçados. Aborto.

Meditação

É útil para os casais com problemas de medo ou pela responsabilidade de suas ações. Também para obter segurança em caso de possível divórcio. Para saber distinguir entre o que serve e o que não serve, além de possibilitar generosidade e compaixão. É conveniente ser usada em problemas de garganta, febre, problemas digestivos, hormonais, de impotência ou esterilidade, asma e bronquite, assim como quando há temor à paternidade. Para se sair bem-sucedido de situações estéreis; para obter cooperação, simpatia e compreensão; desenvolver faculdades sociais; adquirir maior criatividade e abrir-se a novas ideias, por mais estranhas que possam parecer. Em geral, a meditação contemplativa dessa carta ajuda a experimentar e gozar a vida.

4 – O IMPERADOR

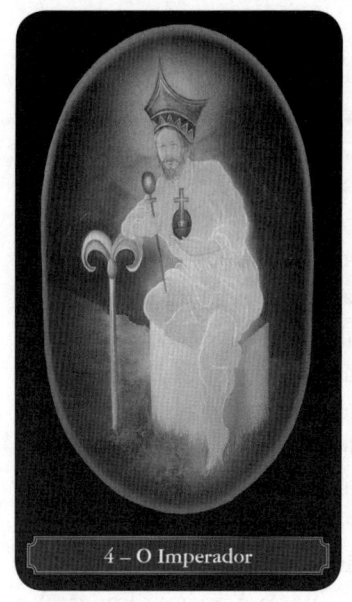

4 – O Imperador

O Imperador corresponde à ordem e à razão soberana. Sua barba e sua cabeleira expressam virilidade, decisão e autoridade. O Imperador vigia, controla e regula. A perfeita escala cromática do arco-íris aparece em seu traje como símbolo de ordem. As cores do espectro solar estão dispostas sempre da mesma maneira, nunca se formará um arco-íris com a cor violeta junto da cor amarela ou do vermelho seguido pelo azul.

A coroa do Imperador repete basicamente as mesmas formas da sua companheira para mostrar que se trata de um casal. Por isso, sua coroa também é feita de ouro e prata. Ela conta com 6 dos 12 triângulos que a decoram, cujo simbolismo se relaciona com as 12 forças astrológicas.

Suas mãos seguram objetos que representam poder e domínio. No bastão de ouro e prata, a cruz abaixo do óvalo sugere a necessidade de investir e manipular os elementos por meio do uso adequado da inteligência. O símbolo oval, com a cruz apoiada na mão esquerda, refere-se ao binômio masculino-feminino, à união do atrativo e do passivo.

O Imperador está sentado sobre uma plataforma branca que representa o plano físico, que expressa verdade, ordem, regularidade e equilíbrio. Esta carta corresponde ao número 4 e isso se deve ao fato de o Imperador descansar sobre uma figura geométrica formada a partir de superfícies quadradas. A perna direita dele está flexionada e a esquerda mantém uma posição praticamente vertical, formando novamente um número 4. Para manter o equilíbrio, seu braço direito está apoiado em um pilar prateado que representa a figura estilizada de um carneiro, por ser Áries o signo que rege esta carta.

Ao fundo, observa-se um conjunto de montanhas avermelhadas, que insistem nas faculdades ígneas de Áries. A cor vermelha se relaciona com Marte, planeta guerreiro que representa a força operacional do corpo humano. Sem essa força, o Imperador não pode cumprir com suas funções. As montanhas que acompanham e dão força ao Imperador estabelecem uma clara diferença entre ele e sua companheira: enquanto ele se encontra rodeado por uma paisagem árida ao fundo e por uma vegetação incipiente a seus pés, em volta da Imperatriz se materializa o milagre da vida com uma plantação de trigo disponível para a colheita.

A desigualdade desses dois ambientes indica, mais uma vez, a maneira como se complementa de forma inevitável a interdependência entre o Imperador e sua esposa.

Significado

Resumindo, pode-se dizer que o Imperador representa a estrutura, a ordem e o regulamento, conceitos que vêm equilibrar a livre abundância da Imperatriz. O Imperador se sente à vontade num mundo quadrado ou quadriculado, onde cada coisa se encontra no seu devido lugar, aonde os trens chegam pontualmente na estação. Ele gosta que todo jogo tenha regras claras, objetivas e cumpridas, por onde as figuras de autoridade sejam devidamente respeitadas. Nas situações caóticas, o Imperador nos mostra a necessidade de organização. Gosta que todo mundo esteja em suas mãos e controlado. Quando aparece em uma tiragem, indica o encontro com a autoridade ou mostra a necessidade de assumir o controle de determinada situação. Muitas vezes está relacionado a assuntos legais, sanções, ações disciplinares ou assuntos oficiais em qualquer de suas formas. Pode também representar a figura de modelo paterno em seu papel de guia, protetor ou sustentador.

Invertida

Dependência emocional, imaturidade e escravidão perante as figuras autoritárias. Falta de controle, confiança excessiva nas próprias capacidades, autoengano. Possível perda de uma herança.

Meditação

É adequada para adquirir forças físicas e energia mental; controlar as condições do ambiente que lhe rodeia e não deixar ser controlado; para deixar de ser escravo das circunstâncias; para falar com alguém que lhe impõe muito respeito ou que lhe aterroriza de algum modo; para conseguir um trabalho ou melhorar o que tem. Conveniente para melhorar os problemas de fígado, da vesícula e dos rins; para melhorar a qualidade da visão; a claridade do raciocínio; a capacidade e o poder de avaliar sem erro; ver o mundo como realmente é, sem qualquer tipo de agonia; para melhorar o sistema de defesa, o sistema nervoso e evitar todo tipo de mania ou hipocondria. É recomendável ser usado em casos de problemas abdominais, como gases, já que se diz que possui efeitos digestivos e carminativos. Estimula a acuidade mental, que pode levar à genialidade e à intenção racional e bem-sucedida; facilita o ajuste e a supervisão; o equilíbrio e o autocontrole pessoal e executivo; estimula a precognição no que se refere ao social; a equidade, a moderação, a maturidade e a inteligência construtiva.

5 – O PAPA

5 – O Papa

A audição e a intuição são as palavras que explicam o sentido profundo das tarefas realizadas pelo Papa, também chamado de Hierofante. Nessa carta aparecem três personagens: o mentor e dois discípulos. Mestre de todo o conhecimento, o Papa é o instrutor interno, guardião do sagrado que interpreta e transmite os segredos a seus discípulos. Veste uma túnica que contém todas as cores, simbolizando a riqueza e a diversidade de suas relevâncias. Debaixo da túnica exibe as mangas de um traje branco que sugere pureza, brilho e unidade.

Uma abundante barba emoldura o rosto do Papa, representando a sabedoria e a autoridade. A barba e a cabeleira se tornaram grisalhas com o passar dos anos, mostrando assim a maturidade. Sentado em seu trono, realiza o gesto de benção com uma mão. A posição dessa mão sugere, além de uma benção espiritual, o papel que desempenha como intermediário entre o que está acima e o que está abaixo. Com a outra mão, segura um cetro (ou bastão) de ouro, que simboliza a união do divino com os mundos animal, vegetal e mineral.

A coroa do Papa está formada por quatro níveis, três deles se apresentam em forma de faixas concêntricas. Esses três escalões indicam uma ordem ascendente: o elemento terra ou plano físico, o ar ou plano astral, e a água ou plano mental. O quarto nível é formado por uma linha curva que simboliza o fogo ou plano espiritual. O centro da coroa está ocupado por uma forma oval que faz referência à semente, ao ovo cósmico. A coroa é de ouro com bordas finas de prata para recordar a lei da polaridade.

A referência gráfica para o princípio da dualidade se repete nas colunas do trono, em suas luas crescente e minguante e no arco ogival (arco quebrado), que simboliza o desejo de alcançar níveis superiores de evolução por meio da proximidade com o divino. As linhas de ouro e prata que se entrelaçam no arco enfatizam o conceito de união dos opostos.

Outra alusão ao princípio de polaridade se encontra nos trajes usados pelos discípulos do Papa. Os dois dirigem sua atenção ao grande mestre – em ambos se observa uma atitude de confiança e obediência silenciosa. A diferença se apresenta em suas roupas, iguais no desenho, mas diferentes na cor. Um dos discípulos veste prata e o outro ouro, dando ênfase novamente ao par de opostos: masculino--feminino, dia-noite, positivo-negativo, ativo-passivo. No caso desses personagens, as cores apresentam outros significados: o ouro representa o desejo e a prata o conhecimento. Na imagem desse arcano, os discípulos estão colocados como pares antagônicos que se unem pelo mesmo objetivo: escutar as mensagens do guia interno.

Outro aspecto do Papa é representar certos grupos estruturados com normas e papéis perfeitamente definidos: igrejas, escolas, clubes, associações mais ou menos secretas, equipes e sociedades. Esse tipo de ambiente acentua o sistema de crenças e determina suas próprias normas, procedimentos e rituais. Os membros são recompensados por seguir as regras estabelecidas, reconhecem-se entre si e desenvolvem uma identidade de grupo.

Significado

Quando aparece em uma leitura, pode significar uma aprendizagem com especialistas ou professores eruditos. Também pode representar instituições consolidadas, assim como seus valores e representantes. Simboliza a necessidade de ajustar-se às normas e às situações estabelecidas. Pode indicar, inclusive, a necessidade que temos de lidar com forças nada inovadoras, nem inclinadas à liberdade de pensamento. Mas isso não deve ser motivo de alarme: a ortodoxia de grupo pode ser positiva às vezes, outras nem tanto, dependendo das circunstâncias. Em certas ocasiões é conveniente seguir as normas estabelecidas e a tradição, em outras devemos nos basear em nós mesmos e em nossa própria maneira de ver as coisas.

Invertida

Falta de ortodoxia, excentricidade ou originalidade excessiva. Ausência de respeito às normas e às instituições estabelecidas. Mente aberta, disposta a aceitar ideias novas, mas exposta a uma admissão indiscriminada.

Meditação

É adequada para estimular a intuição e a audição interna, para reconciliar e unir as famílias e a vida social. É conveniente realizar uma meditação sobre esse arcano quando estamos diante de situações difíceis ou em meio a um dilema crucial. Também para falar em público e não criar mal-entendidos; para infecções ou doenças contagiosas; para problemas do aparelho respiratório; bloqueios energéticos e defeitos na fala, dislexias, gagueira, autismo, entre outros. Indicado para ver a verdade de modo único e totalmente integrador; para ter foco e confiança antes de realizar entrevistas com personalidades religiosas ou sociais; para sentir e oferecer confiança no que se diz saber; quando se depara com dificuldades de assimilação de ideias ou situações constrangedoras.

6 – OS ENAMORADOS

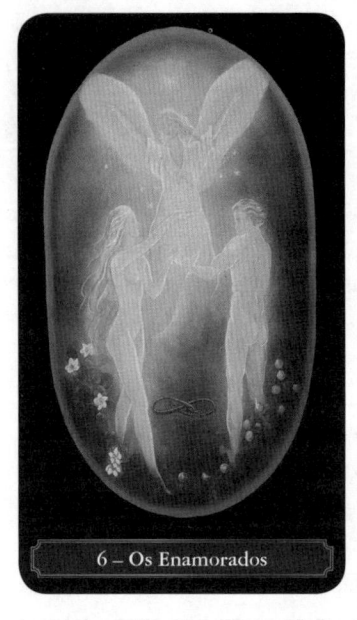

6 – Os Enamorados

Discriminação, escolha, livre--arbítrio, intercâmbio, correlação e reciprocidade são os valores ocultos correspondentes a essa carta. Nela são apresentadas três personagens primordiais: um homem e uma mulher, que formam um casal de amantes, e um anjo.

O anjo é Rafael, que personaliza a superconsciência. Com as mãos ao alto, derrama estrelas coloridas que simbolizam os poderes ocultos e a Luz que forma sua essência. Conhece e compartilha a história do cosmos.

Essa abundância e diversidade de dados estão expressas nas pinturas de suas asas, que contêm todas as cores do espectro solar. Veste-se de branco para significar iluminação e pureza. Sua figura é parcialmente apreciada para indicar que seu conhecimento não pode ser entregue totalmente aos Enamorados, também chamados de Amantes, porque não alcançaram o nível de desenvolvimento necessário para compreendê-lo.

O casal é representado por Adão e Eva e por todos os opostos que se complementam em absoluta interdependência. Sua presença encarna também os valores de harmonia, equilíbrio, simetria e beleza.

Eva, a mãe universal, expressão do feminino, simboliza também a subconsciência. Ela recebe a luz da superconsciência para depositá-la nas mãos de Adão, figura masculina e encarnação do pai, que simboliza a consciência.

Os Enamorados se apresentam nus, ou seja, não escondem nada, conhecem-se e aceitam-se porque fazem parte um do outro. Em sua nudez está representado o estado natural dos personagens que conservam sua pureza original sem qualquer tipo de contaminação.

Aos pés da mulher, há um jardim por onde brotam cinco flores, que representam os sentidos. No jardim do homem aparecem 12 frutos, que fazem referência aos signos do zodíaco. As flores são prateadas e os frutos dourados para reiterar o princípio de dualidade. A serpente que se encontra no meio do casal é a mesma mencionada na Bíblia. É também a representação da vida e da morte, do eterno retorno e dos processos que se desenvolvem ciclicamente. A figura da serpente nos remete ao conceito de energia vital ou kundalini.

Nas versões clássicas do tarô, a serpente apresenta-se enrolada, mas aqui se mostra formando o oito horizontal, símbolo do infinito. O rabo é desenhado como uma pequena espiral, insistindo na ideia de que o caminho à evolução é constante e eterno. A serpente é atingida pela luz do anjo que ilumina também os Enamorados.

Significado

A carta dos Enamorados ou Amantes pode indicar o fato de ter que tomar uma decisão importante em sua vida: o ter que escolher entre duas opções, entre dois caminhos distintos. Outra ideia implícita nessa carta é o amor, a força de atração que leva duas entidades a unir-se, sejam elas pessoas, ideias, movimentos ou grupos. Pode se referir a qualquer tipo de amor, tanto o amor romântico e físico, como o isento de toda sensualidade ou paixão. A combinação desses dois significados leva a um dilema ético ou moral, ponto em que se torna necessário decidir entre um caminho fácil e prazeroso e outro mais tedioso e difícil, porém mais elevado, justo e ético. É a escolha entre o altruísmo e a tentação, entre o amor físico e o espiritual. As cartas em que aparecem os Enamorados nos indica qual o significado que deveremos atribuir a essa carta, neste caso, o tipo de amor ou de relação que representa.

Invertida

Paixão, capricho, atração física e infidelidade. Interferência dos pais em uma relação amorosa. Discórdias, tendência de realizar a escolha errada em assuntos amorosos.

Meditação

É útil para evitar tensões e ambiguidades de todo tipo. A prudência pode ser obtida com ótimos resultados e a partir do momento em que a análise imparcial esteja difícil. É importante também ter maior capacidade de diálogo com os demais, assim como aprender a tomar decisões aceitando os riscos. É revigorante, contribui da mesma forma que o Carro, oferecendo energia ao coração; ajuda em problemas pulmonares, má circulação, edemas ou hemorroidas; angústias existenciais, anemias por carência de ferro ou má assimilação. Além disso, é uma carta afrodisíaca e relaxante, que ajuda em toda classe de infecções, sobretudo no sistema de eliminação. Útil para ter um discernimento claro e conciso, evitar a dispersão, encontrar o equilíbrio. É um arcano que nos ajudará em todo tipo de escolha. Em assuntos substanciais é conveniente ser usada em conjunto com o Louco.

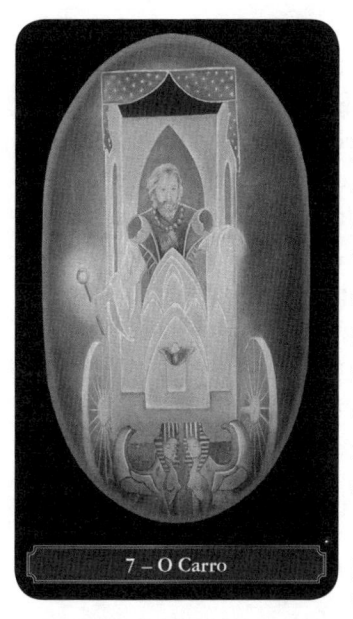

7 – O Carro

7 – O CARRO

Vontade e receptividade são as principais atribuições dessa carta. Além disso, está relacionada aos conceitos do triunfo, da realeza e da vitória espiritual sobre a matéria. Esse arcano está vinculado ao destino, ao rumo ou caminho, às conquistas, aos fracassos, erros e acertos, dos quais contêm várias imagens que se referem diretamente aos pares de elementos opostos.

O auriga (ou cocheiro) usa barba, para significar maturidade, e veste um traje branco coberto por uma armadura. As duas luas representam, pela expressão de seus rostos, os pares de opostos. Em seu pescoço brilha um colar de 12 pedras que representam os signos do zodíaco. Todos os elementos da armadura, assim como o cetro (ou bastão) do auriga são feitos de ouro e prata para destacar o princípio da polaridade.

O carro pode ser identificado com o carro do sol, modelo dos carros guerreiros, veículo de viagem para a exploração do desconhecido. Com o carro podem conquistar as riquezas de todos os espaços, de todos os lugares, por mais distantes que estejam. O viajante possui infinita capacidade de conhecimento quando usa de forma adequada o veículo, levando-o à sabedoria. Essa imensa variedade de possibilidades está representada pelas cores do arco-íris que cobrem o carro.

No veículo há três janelas que representam a Trindade e os mundos animal, vegetal e mineral. Os arcos são ogivais, que sugerem uma aproximação com o divino. A figura ogival se repete 12 vezes na frente do Carro para simbolizar novamente os signos do zodíaco.

O símbolo colocado na frente do carro representa um disco solar com asas. O Sol é interpretado, neste caso, por um óvalo, a fim de reiterar a ideia de que o astro é fonte e origem de toda energia. As asas representam o ar que transporta o poder dos raios solares.

As rodas de prata do carro fazem alusão à rotatividade, à atividade cíclica, à mudança e ao movimento. São formados por dois óvalos que, vistos de frente, formam círculos, uma perfeita imagem de toda forma manifestada. Sem rodas o veículo não pode avançar pelo caminho da experiência.

O dossel do carro está coberto por um manto de estrelas, que simbolizam as forças celestes participando no plano físico por meio dos quatro elementos representados por cada um dos lados do veículo.

As esfinges propõem enigmas e reiteram o princípio de dualidade. Uma é de ouro e outra de prata para recordar os pares de opostos. Descansam e se encontram inativa porque não são elas que movimentam o Carro, é a vontade de cada um que se encarrega de fazer isso.

Significado

Quando o Carro aparece, pode indicar a necessidade de controlar uma situação, dominar seu estado de espírito, pensar com clareza e estabelecer estratégias. A situação enfrentada pode exigir certo controle, ou seja, a pessoa terá que resistir a certas tentações, lidar com pessoas difíceis etc. É possível também que, em determinado momento, a pessoa tenha que dar um passo à frente e tomar as rédeas da situação, uma vez que os outros não querem assumir nada ou não têm ideias suficientemente claras. O Carro representa da mesma forma a vitória, que poderá conseguir pelo mencionado autocontrole, a decisão e a disciplina. Também destaca os aspectos positivos do ego. Um ego saudável é aquele que está seguro de si mesmo, que sabe o que quer e como conseguir.

Invertida

Pode indicar a necessidade de tomar o controle de uma situação, mas não se encontra apto para isso, seja por fraqueza, dificuldade de concentração, de tomar decisões ou de organizar-se. Também pode indicar derrota, desastre e ambição truncada, além de perda espiritual, frustração, necessidade material e pobreza.

Meditação

É conveniente meditar sobre essa carta para controlar as energias que nos motivam a realizar algo na vida, às vezes sem muito sentido; também para viajar a lugares exóticos sem medo ou temores de qualquer tipo. Pode ser usada contra as doenças do aparelho locomotor, de transmissão sexual ou doenças tropicais, assim como contra a ansiedade e claustrofobia. Juntamente com a Temperança e a Estrela pode nos ajudar a sair bem de alguma situação incômoda ou tediosa. Essa carta é forte reguladora das energias corporais pelo fato de contar com efeitos antidepressivos. Costuma-se dizer que é útil para obter um bom sentido de orientação sem necessidade de uma bússola. Sua meditação proporciona valentia, ousadia e coragem com inteligência; também ajuda a manifestar todo seu potencial criativo e dinâmico. Pode ser usada por professores, terapeutas, médicos ou curandeiros, pois ajudará a estar sempre focados e a auxiliar o próximo da melhor maneira.

8 – A FORÇA

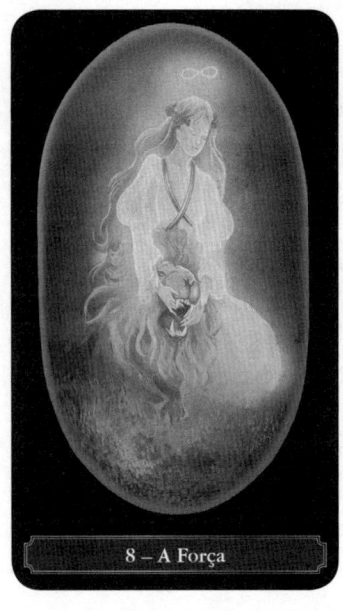

8 – A Força

O conteúdo oculto desse arcano encontra-se na própria palavra: Força. Essa carta faz referência à energia universal chamada kundalini e se instala no corpo humano, concentrando-se principalmente na base da coluna vertebral. Expressa a força física e moral onipotente. A mulher desse arcano personaliza a subconsciência que controla e dirige as forças da energia serpentina, a kundalini. Representa a Cirene, ninfa grega que venceu o leão, predador dos rebanhos.

A figura feminina que aparece nessa carta é dona de todos os poderes, uma vez que venceu a fera abrindo-lhe sua fauce. Esse sentido de totalidade de faculdade é reforçado pelo colorido do seu traje, que contém a soma única das cores do espectro solar. Debaixo do vestido estão as mangas de um traje interior de cor branca. As extremidades das mangas formam pontas que nos revelam de onde vinham suas forças energéticas para vencer a fera. São brancas para significar pureza, inocência e identificação com a divindade.

A mulher que encarna a Força sabe que pode sair vitoriosa. Realiza sua tarefa concentrada e segura. Não demonstra sinais de esforço ou fadiga. O emprego disciplinar de suas faculdades lhe permite atuar com a certeza e a convicção que alcançará seus objetivos.

Ostenta uma longa cabeleira como símbolo de força e poder. Sobre sua cabeça paira uma coroa de rosas que nos faz recordar o aspecto físico da força. Essas rosas são vermelhas para expressar desejo, vontade e soberania.

Acima da cabeça da mulher está o oito horizontal branco, que pictoricamente constitui a fonte de luz de toda a cena representada nesse arcano. Essa carta corresponde ao número oito, sinal que representa também o infinito. Na extremidade do pescoço, encontra-se desenhada a figura do infinito com faixas paralelas de ouro e prata. Esse símbolo se repete duas vezes, a fim de enfatizar a importância do poder serpentino. Representa também o ritmo, a continuidade, a atividade interminável e a comunhão harmônica entre os pares de opostos.

O leão dourado renuncia o fato de exercer suas funções soberanas, passa a se reconhecer como perdedor, aceita ser domesticado e entrega suas virtudes reais ao personagem feminino. Assim, a energia solar representada pelo leão fica à disposição da domadora.

Significado

Mesmo que geralmente a palavra força esteja associada à força física – braços fortes, pernas resistentes – há também uma força interior que é a mais importante dessa carta. É uma força que pode ser equiparada à perseverança, coragem, valentia, resolução, capacidade de sofrimento, ou seja, todas essas qualidades que nos permitem arriscar e sair vitoriosos dos momentos e tempos difíceis. A carta número 8 representa especialmente essa energia tranquila e decidida, que inspira confiança e solidez, mas, ao mesmo tempo, significa paciência e compaixão. Quando as coisas se complicam, render-se à raiva é fácil, o difícil é ser forte para responder com calma uma frustração. O Carro representa o controle exercido por meio do domínio e da autoridade. Por outro lado, o controle exercido pela Força é mais sutil, inclusive amoroso. A mulher domina o leão com doçura e suavidade. Quando a Força aparece em uma leitura, costuma indicar que essa qualidade é a que justamente o indivíduo necessita no momento. Poder ser um aviso para não ceder ao desânimo e ao desespero, bem como para não abandonar. Com perseverança e força interior, finalmente a vitória acontecerá. Quando uma pessoa se esforça muito, precisa de um descanso, mudar de atividade. Quando estiver diante de circunstâncias ou pessoas difíceis de lidar, lembre-se de que os maiores resultados são conquistados com suavidade e não com violência. Essa carta pode ser também um indício de que a pessoa está, no momento presente, em uma posição de força, na qual permite confrontar trabalhos ou empresas, atitude que, em outras circunstâncias, seria difícil ou arriscado.

Invertida

Abuso de poder material, domínio excessivo; comportamento imoral; esquecimento da dimensão espiritual; ódio e discórdia.

Meditação

Quando essa carta aparece, devemos meditar sobre algo externo que nos incomoda. Transformar a energia pesada em algo mais sublime e sutil, menos passional ou carnal, e mais espiritualizado. Indicada para estimular a criatividade; para enfrentar os temores procedentes da infância, assim como amenizar as dores nas costas e melhorar a circulação sanguínea. Também é possível usar essa carta para promover o exercício físico, uma vez que pode estimular a passear ao ar livre e a oxigenar-se. Ajuda a regenerar estados de ansiedade e libera as impurezas do astral inferior. Ajuda a perder a rigidez para se tornar mais flexível. É boa para obter disciplina e aceitar melhor as responsabilidades.

9 – O Eremita

9 – O EREMITA

Os principais atributos do Eremita são a iluminação interior, sabedoria, prudência e união dos opostos. Essa carta corresponde ao número 9, que representa o adepto, o profeta, e significa conclusão por ser o último signo do sistema decimal. O Eremita chega ao seu objetivo, finaliza sua tarefa e supera as provas necessárias que o credenciam como professor e orientador.

Está representado pelo ancião de cabeleira e barba branca, que sugerem maturidade, sabedoria e iluminação. Possui o conhecimento absoluto e toda a luz. Seu traje representa essa totalidade ao estar formado pelas cores do arco-íris, de modo a significar diversidade de conhecimentos e experiências acumuladas.

O Eremita se encontra no topo, no ponto mais alto de uma montanha. Chega ao auge depois de realizar uma longa trajetória pelo caminho da evolução. Com o braço direito levantado, segura uma lâmpada dourada que emite luz branca. Essa lâmpada tem o formato octogonal para evocar os oito pontos cardinais contidos em uma bússola. A lanterna guia permite ao Eremita manter o rumo correto que o conduz em direção à luz.

Muitos associam a imagem mostrada nessa carta ao sábio grego Diógenes e ao Hermes. A luz que antes servia como guia do Eremita agora ilumina o caminho daqueles que seguem seus passos em busca do topo.

Os raios de luz emitidos pela lanterna iluminam a cena representada nesse arcano.

Desde sua localização no ponto mais alto, o Eremita dirige o olhar para baixo como uma leve referência ao princípio hermético, que determina a correspondência entre o que está acima e o que está abaixo.

Leva um cajado de prata construído em uma espiral de 22 raios, que se referem aos 22 níveis de desenvolvimento abordados ao longo de todo o tarô. A empunhadura do cajado está formada por uma figura oval, que sugere as formas da semente e do ovo cósmico.

Significado

Tradicionalmente, o significado atribuído ao Eremita é o desejo de abandonar a agitação e o materialismo de nossa sociedade para se dedicar ao mundo interior; significa o desejo de buscar as respostas em si mesmo, dentro da paz e da solidão. A verdadeira sabedoria e a legítima iluminação vêm sempre do interior. Um professor pode dizer ao seu aluno como encontrou a sabedoria, mas o aluno deve ir e procurá-la por si mesmo. A sabedoria não se dá. Conquista-se com o sacrifício cotidiano e vivendo as experiências que a vida nos traz.

Porém, as lições da vida não se são de forma acelerada, não podem ser forçadas nem ser passadas antes do momento. O conhecimento se torna sabedoria por meio do sacrifício. Portanto, quando a carta do Eremita aparece, convida-se para aprender um pouco mais de si mesmo, assim como da natureza de sua existência. Sendo assim, todas as pessoas recebem essa chamada alguma vez em sua vida. Isso serve como um sinal de que seus problemas e os assuntos mundanos podem esperar; há um trabalho maior em seu interior que tem de ser feito imediatamente, e tem que ser feito de maneira solitária. Pode se referir a um problema que deve ser solucionado ou parte da sua essência que deve tratar antes de continuar com a situação atual.

Essa carta também faz referência a uma pessoa que encarna as características do Eremita, cujo conselhos devem ser seguidos.

Invertida

Escuridão; conselhos imprudentes e imaturos. Medo de envelhecer; solidão negativa.

Meditação

Para canalizar a vida de um modo sereno e seguro; para ajudar em problemas de isolamento e solidão; conseguir transições e mudanças sem dor e depressão. Juntamente com o Diabo, costuma-se dizer que alivia os problemas de cirrose e hepatite viral. Em ambas as cartas, mais a do Carro, ajudam a amenizar os problemas de baço e pâncreas. Útil também em problemas nos ossos, reumatismos e para as pessoas com tendência a reter líquidos, que têm pressão alta e esgotamento psíquico ou nervoso. Adequada para atrair um médico ideal às nossas vidas e para aqueles que vêm nos ajudar a alcançar a verdadeira sabedoria. Meditar sobre essa carta quando for objeto de crítica ou de inveja exacerbada, para poder perdoar e esquecer. Acalma e tonifica o sistema nervoso; facilita o encontro com o professor, tanto interior como exterior. Ajuda-nos a ser Um diante de um Todo, a alcançar a liberação do material e saber viver num mundo sem apegos. Também ajuda a alcançar a paz interior.

10 – A RODA DA FORTUNA

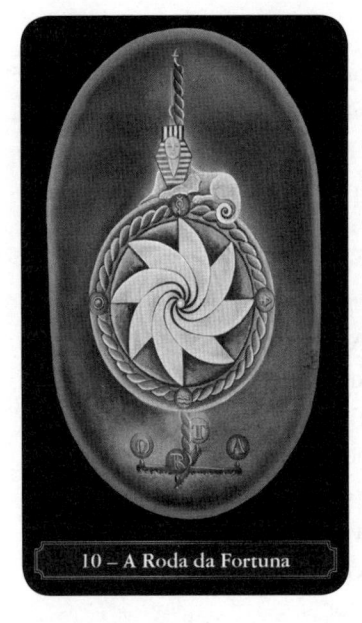

10 – A Roda da Fortuna

A palavra que define essa carta é movimento. A Roda da Fortuna refere-se à roda do mundo. O princípio do movimento encontra-se representado de diversas maneiras nesse arcano por meio das figuras circulares e esféricas contidas em sua imagem. A lei de causa e efeito mostra-se também de forma reiterada.

A Roda da Fortuna é o símbolo do ciclo completo da expressão cósmica. Os pontos mais distantes dos seus inúmeros raios representam o par de opostos riqueza-pobreza.

Uma base de quatro eixos sustenta a roda desde o centro, representada por uma esfera de ouro como núcleo gerador de toda energia. A partir daí, a Roda da Fortuna gira livremente. Um trevo multicolorido de oito pontas sugere diversidade e totalidade, em correspondência com a ideia de riqueza inacabada e onipotente da energia cósmica que impulsiona o movimento giratório da roda.

A esfinge descansa no extremo superior da Roda da Fortuna, sugerindo a união dos poderes masculino e feminino. Como símbolo de todos os enigmas, a esfinge simboliza também a pergunta que deve ser respondida para se encontrar o sentido verdadeiro da existência. Seu rabo encontra-se enrolado, formando uma espiral para insinuar o movimento contínuo rotatório que conduz à evolução.

A Roda da Fortuna é construída de ouro e prata para reiterar o princípio da dualidade, símbolo profundo dessa carta. Um cordão de prata une as quatro esferas colocadas no perímetro da Roda e que contêm quatro elementos dourados: na esfera superior apresenta-se o símbolo alquímico do mercúrio. A esfera no extremo direito corresponde ao enxofre, a esfera inferior destaca a presença da água e o sal está representado pelo símbolo contido na esfera à esquerda.

A base que sustenta a Roda possui quatro eixos que mantêm correspondência com os quatro pontos cardeais. Seguindo o movimento dos ponteiros do relógio, pode-se ler a palavra *tarot* iniciando e finalizando com a mesma letra, a fim de mostrar que todo início tem um fim e que tudo exige um princípio. As letras estão colocadas sobre um desenho que incluem óvalos e esferas para recordar as duas formas que representam os conceitos de movimento e início.

Significado

A Roda da Fortuna traz energia vivificante, expansiva e impessoal a nossa vida. Constantemente representa mudança, movimento e os giros inesperados do destino. Significa acontecimentos e experiências que estão fora do nosso controle e, por isso, a possibilidade de que as coisas não saiam como esperávamos. Às vezes, ocorre um encontro inesperado e, outras vezes, um acontecimento que ninguém imagina prever. Se a situação atual é muito boa, é necessário que se prepare para uma mudança contrária. Se a situação for má, logo respirará aliviado.

Invertida

Em posição invertida, essa carta pode evidenciar acidentes, acontecimentos desagradáveis e incômodos. Tradicionalmente está associada à lei do karma: vamos colher aquilo que plantamos, mas, quando a Roda da Fortuna aparece de maneira invertida, os frutos a colher serão sempre mais amargos. No entanto, esses momentos difíceis também passarão.

Meditação

A meditação com essa carta nos ajuda a entender e aceitar os reveses do destino, as mortes de entes queridos ou os golpes por percalços da fortuna. É importante meditar sobre essa carta após passar por longos períodos de doença ou necessidades básicas. É útil para conquistar conforto e comodidade, qualquer que seja a experiência que estamos atravessando. Adequada para combater o avanço das células malignas, neste caso sentimos a paralisação do movimento de transferência da informação celular negativa e que se pode colocar em prática a informação correta para que a nova célula seja totalmente sadia. Boa para desenvolver a filantropia e a grandeza de espírito, para que nos proporcione segurança em todos os níveis, apoio em circunstâncias dolorosas ou difíceis. É conveniente ser usada para os casos em que se encontra estagnado em algum trabalho intelectual ou criativo. Útil também para estabilizar o corpo energético e astral, assim como liberar o karma passado por meio da compreensão do "por que" e "para que".

11 – A JUSTIÇA

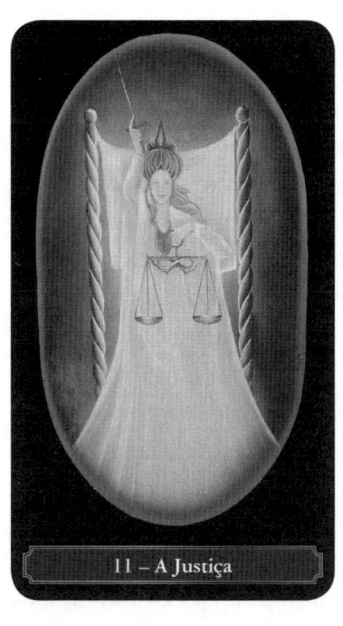

11 – A Justiça

Entre os significados dessa carta está o equilíbrio como base de toda obra, ação, trabalho, justiça, equidade, redenção, castigo e recompensa. A Justiça está diretamente relacionada com a lei do karma.

Essa carta corresponde ao número 11 e está representada por uma mulher vestida com as cores do arco-íris para significar a diversidade de julgamentos emitidos uma vez que são tomadas as medidas necessárias. O vestido da Justiça leva no peito um escudo que contém a letra t. Esse ornamento representa o sistema dual, com uma linha vertical em intersecção a uma horizontal, que também corresponde aos princípios masculino e feminino. Seu traje interior é branco, para expressar pureza, sabedoria e luz; na mão direita leva uma espada e na esquerda segura uma balança.

Na balança está o equilíbrio, a estabilidade e a perfeita correspondência entre as duas forças. Essa equidade se mantém por meio de um eixo fixo que permite advertir a diferença de peso nos pratos. A Justiça é a imagem da sensível equidistância às constantes variações do Universo. A balança contém em seu centro o símbolo do infinito; o eixo que a sustenta e serve de asa está formado por um círculo como referência à energia cósmica. É feita de ouro e prata para representar a dualidade contida e complementar em seus dois pratos.

O penteado da mulher é feito de linhas curvas, que formam no centro uma figura oval evocando uma semente. A parte superior da coroa contém cinco elementos que alternam as cores ouro e prata. A figura central, em forma de gota, representa a água como mãe terra e uma ponta para cima, que significa a identificação com o divino.

A figura feminina leva na mão uma espada, instrumento que corta, divide e discrimina. Representa o poder e o rigor da Justiça.

A Justiça veste um manto branco que representa a luz. Por trás dela está um véu também branco, símbolo de ocultação e revelação, diferença entre o interno e o externo, instrumento neutralizador de energias, defesa e filtragem por onde passam as experiências. O manto serve também como meio de ligação entre as duas colunas que representam os pares de opostos e o equilíbrio em sua posição simétrica. O manto constitui o foco que ilumina o ambiente dessa carta.

Cada uma das colunas contém um espiral de 12 voltas para recordar os signos astrológicos. As colunas se encontram arrematadas em formas esféricas que sugerem o princípio de unidade.

Significado

No tarô, o significado geral da Justiça é a compreensão de que finalmente a vida é equilibrada e justa, embora os vaivéns e as circunstâncias diárias, às vezes, nos fazem duvidar desse fato. Faz-nos recordar a existência do equilíbrio divino. Implica a ideia de retribuição ou castigo por causa de nossas ações passadas. Quando aparece em uma tiragem, costuma fazer referência a tribunais e assuntos legais de qualquer natureza, especialmente contratos. Quando vem acompanhada do Ás de Ouro, Ás de Copas ou Rei indica contrato matrimonial. Pode também aparecer quando a pessoa está preocupada e duvida se o que vai fazer será justo ou não. Ou também como sinal de que tem algo a fazer, embora o momento esteja desagradável.

Invertida

Pode ser uma advertência sobre atrasos e dificuldades em assuntos legais ou financeiros que se encontram no meio dos contratos; litígios ou despesas adicionais por causa de assuntos jurídicos. Acompanhada do Três de Espadas ou dos Enamorados, também invertida, pode indicar divórcio.

Meditação

É útil para ajudar na firmeza e no equilíbrio de nossas decisões; para esclarecer dificuldades sociais; ter disciplina e praticar exercícios físicos adequados sem apatia e cansaço. Também é indicada para que os dois hemisférios cerebrais colaborem melhor entre si; para melhorar problemas ranais; ter acesso a uma dieta adequada para a saúde e para digerir aquilo que não é bem aceito, seja seu ou do outro. Para avaliar de modo desinteressado as pessoas ou situações, amigos ou inimigos a cada medida; para obter consciência profunda; para aceitar algo realmente desesperador e ter poder sobre cada situação que se apresente. Para vencer o amor impessoal, deixando a Deus a severidade e o rigor (caso pareça que se deve usar essas qualidades); para aprender a enxergar Deus em tudo; compreender que cada qual tem suas razões ocultas para ser como é e atuar como atua. Para aceitar e compreender.

12 – O ENFORCADO

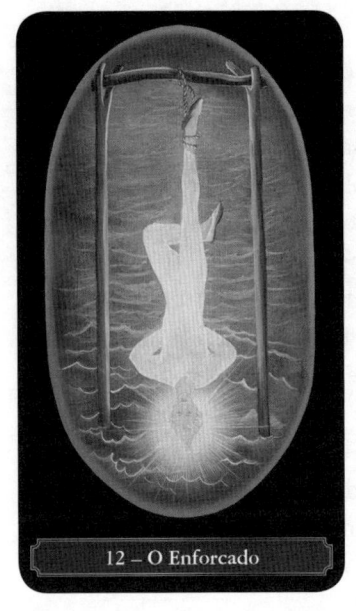

12 – O Enforcado

O Enforcado ou Dependurado representa a inversão, a mente suspensa. O personagem central dessa carta é um jovem pendurado. Estar pendurado não representa um castigo para o corpo, não há dor nem sofrimento porque o protagonista não está suportando um martírio. Por isso, é possível ver que o Enforcado não parece incomodado nem aflito; seu rosto reflete tranquilidade e espera confortável. Está pendurado para significar a inversão do pensamento. Abandona as estruturas mentais da multidão em busca de uma nova visão do mundo, a visão de quem deseja alcançar o brilho, uma luz.

Veste-se com as cores do arco-íris, que representam sua voluntária relação com a totalidade e aceitação das leis do cosmos. Os postes da forca, na qual está suspenso, são de ouro para representar a energia divina que o sustenta. Duas delas formam um "y" correspondente ao yod. Os pilares surgem da água, que é a mãe terra. Os postes de outro e a corda de prata que amarra o personagem sugerem correspondência e unidade dos pares de opostos.

Com a perna cruzada, forma o número quatro invertido, que representa a razão. Com essa imagem, reitera-se a ideia de que a verdadeira identificação com o cosmos estabelece que o Enforcado realize um processo racional que o conduzirá finalmente à aceitação que faz parte da unidade cósmica. A razão o leva ao reconhecimento de sua dependência e sua inter-relação com o Todo. O Enforcado é subordinado ao movimento da energia cósmica, em que sua figura total representa um pêndulo passivo que será movido apenas pela vontade superior ou pela força do cosmos.

A água conserva nessa carta todos os seus significados profundos: fluído astral, substância de todos os elementos, símbolo de purificação, de energia, veículo indispensável para a reprodução de espécies e para a germinação de qualquer semente, de toda via. Além de tudo, essa carta significa fundamentalmente a inversão. A água abrange toda a paisagem para destacar sua importância. Constitui um espelho natural que reproduz imagens idênticas, porém invertidas. Sua faculdade para operar como espelho enfatiza a mensagem oculta dessa carta: a inversão. Finalmente, a cabeça do Enforcado irradia luz, o ponto luminoso da imagem parte de sua cabeça; a auréola branca sugere sua identificação com a luz cósmica, com a pureza e a divindade.

Significado

Estamos diante de uma das cartas mais misteriosas do tarô. Seu significado é, por sua vez, simples e complexo. Ela nos atrai, mas, ao mesmo tempo, nos perturba. Representa como nenhuma outra carta o paradoxo, o absurdo e as contradições regidas em nossas vidas. O Enforcado nos apresenta certas verdades, mas essas verdades se encontram ocultas justamente nos opostos. Sua principal mensagem pode ser resumida em: "controlar" deixando em liberdade, e "vencer" rendendo-se ou parando para ter todo o tempo do mundo. O Enforcado é a imagem de todos os deuses que se sacrificam, mas que saem vitoriosos. Quando aparece em uma leitura, mostra-nos que o melhor foco para solucionar um problema nem sempre é o mais evidente. Quanto mais precisamos exercer nossa vontade sobre o outro, maior a necessidade de deixá-lo em liberdade; quanto mais desejamos que as coisas aconteçam da nossa maneira, mais devemos nos sacrificar; quanto mais queremos agir, talvez seja o momento de esperar. A surpresa é que quando realizamos essas ações aparentemente contraditórias é o momento que encontramos e conseguimos tudo aquilo que estávamos buscando. Por tudo isso, o surgimento dessa carta pode indicar que é hora de prescindir de algo, já que o Enforcado significa especialmente o sacrifício voluntário.

Talvez, trate-se de uma relação, de um emprego sem oportunidades, de estudos equivocados ou de uma série de acontecimentos. Portanto, é necessário analisar de forma cuidadosa nossa vida para descobrir o que é que devemos sacrificar para melhorar e obter um nível superior. Dependendo das cartas que a acompanham, também pode indicar um duelo pela perda de algo ou de alguém.

Inversão

Ela nos previne contra o egoísmo, a manipulação emocional e todo tipo de influência prejudicial. Cuidado ao adotar o papel de vítima ou de mártir. Essa carta talvez indique uma pressão excessiva sobre os outros por adotar o papel de vítima.

Meditação

Essa carta está projetada para que possamos entender e equilibrar os opostos que estão por trás de nós a fim de alcançar o descanso, o relaxamento total e a liberação das energias mais densas. É de extrema utilidade para sabermos a hora de parar e observar as coisas; para deixarmos de lamentar e fazer algo lúcido no momento; para melhorar os maiores problemas e desfazer da mania de querer abandonar este mundo de forma rápida; para eliminar hábitos negativos e estimular nosso organismo; regular a tireoide; dissolver tumores, pedras e cálculos biliares. Promove o vazio, a sensação de estar suspenso no meio de um caos que já não nos afeta mais. Juntamente com o Carro e a Torre é uma das cartas que mais pode contribuir. Ajuda a desenvolver os dons de cura e a alcançar a transcendência interior, sabendo estar ao mesmo tempo no mundo material. Ensina o poder do silêncio e a meditação constante.

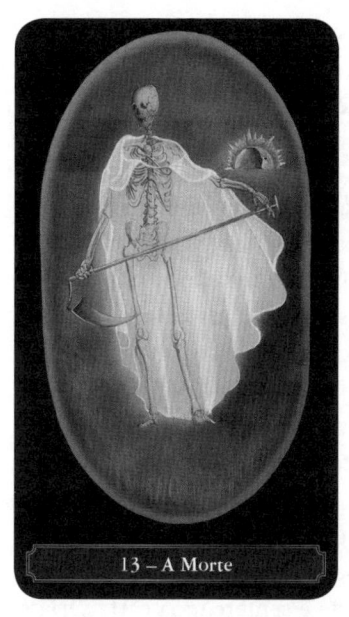

13 – A Morte

13 – A MORTE

Os principais significados dessa carta são: transformação, mudança, renovação e movimento. Representada em forma de um esqueleto, tradicionalmente está relacionada aos deuses Cronos e Saturno. Entretanto, sua estrutura óssea é o pilar, a sustentação e o fundamento de todo o edifício corporal. Sem ela seria impossível qualquer movimento.

Nesse arcano, o significado da Morte não está relacionado ao fim da existência, mas com o princípio de uma mudança. É um portal que conduz a níveis de vida superiores. O esqueleto é dourado para simbolizar poder, transcendência, energia solar, fonte inesgotável de luz e calor.

A Morte está coberta por um manto de várias cores. Neste caso, as cores do arco-íris representam a totalidade, todas as cores somadas integram a unidade produtora e liberadora de energia. O motor da mudança ou da transformação está representado pela energia luminosa do arco-íris.

Um broche de prata, com a forma do infinito, sustenta as extremidades da capa à altura do peito. O símbolo do infinito sugere a ideia de que a morte não é mais do que o início de um renascimento e que ambos os elementos, morte e renascimento, fazem parte de uma dualidade inseparável em todo processo de liberação, purificação e crescimento.

A Morte carrega uma foice de ouro e prata. O cabo está formado pela letra tau (t) que significa união do masculino e feminino. A folha da foice simboliza a lua, complemento feminino do sol, que aparece no horizonte dessa carta. Com a foice pode-se interromper uma vida, mas esse instrumento serve também para colher os frutos de um grande plantio.

Nessa carta, a figura do sol é observada parcialmente. Trata-se de um sol nascente que anuncia o princípio, o amanhecer. É o mesmo sol que ilumina a cena do Louco e que aparece na moeda do Mago.

Significado

Curiosamente, o significado da carta 13 raramente tem a ver com a morte física. Em geral, ela simboliza o fim de algo e, sobretudo, a mudança para algo melhor. Indica o fim de uma época, o momento em que uma porta se fecha, mas outra se abre. Por isso, pode significar tristeza, porém, também leva implícita a ideia de descanso e do sentimento de poder ter completado algo. Outro significado dessa carta é uma volta ao básico, ao essencial, um desprendimento do que não é importante nem necessário. A Morte, da mesma forma que outros acontecimentos de nossa vida, é algo inevitável. E, quando chegam esses momentos, o melhor a fazer é procurar permanecer consciente, entregar nas mãos do destino e esperar para ver o que acontece. Resumindo, pode-se dizer que a Morte é sempre uma carta séria e que costuma representar uma época intensa e importante de nossas vidas, mas que sua energia fomenta a vida, nunca destrói.

Invertida

Em posição invertida, pode indicar um período de indolência, apatia, estancamento e resistência à mudança. Uma fixação a um modo de ser ou de se comportar que já não funciona. Também pode representar rigidez de critérios e aversão à mudança.

Meditação

É conveniente meditar sobre essa carta juntamente com a do Sol, a fim de conjurar as imagens e os sentimentos negativos que podem despertar no subconsciente. Com a Torre e o Sol, funciona como um poderoso antisséptico para ser usado em caso de problemas cutâneos, de lepra ou psoríase e transtornos estomacais. Junto ao Eremita, é útil para dormir bem sem temores ou histerias. Também para eliminar tendências à autodestruição e em caso de doenças terminais como a Aids, entre outras. Sua meditação contemplativa é muito útil para purificar os desejos.

14 – A TEMPERANÇA

14 – A Temperança

Os principais atributos dessa carta são a moderação, a prudência, a verificação e a reciprocidade. A Temperança é representada por um anjo que nos faz lembrar a figura do anjo da guarda, mensageiro de Deus. Está associada também ao anjo Miguel, anjo do Fogo e pelo seu jeito simples de ser. A presença desse espírito celeste pode ser interpretada por meio da personificação da vontade divina.

O personagem dessa carta veste um traje cujas cores se repetem no fundo da mesma forma que o arco-íris. Em ambas as representações do espectro solar, temos a presença da Íris, mensageira dos deuses. Temperar significa mesclar apropriadamente as forças. Neste caso, as cores do arco-íris sugerem o resultado da adequada mescla de forças entre a água e a luz solar. Além disso, as cores vistas no traje da Temperança representam os chakras, centros energéticos do corpo humano. As asas brancas do anjo expressam poder, pureza e iluminação.

A figura oval que aparece na frente do ser alado representa a energia solar e o ovo cósmico, princípio de todas as coisas. A água dos cântaros flui traçando uma linha curva. Essa linha se une e se complementa com a formada pelo arco-íris, de tal maneira que ambas formam uma figura oval, sugerindo novamente a presença do ovo cósmico, da semente.

O personagem encarnado pela Temperança sustenta-se equilibrado, apesar de um de seus pés estar apoiado na água e outro na terra. Essa posição faz referência ao princípio da dualidade. A água simboliza a matéria mental, a consciência e o fluído astral. A terra se refere à manifestação concreta, às formas físicas. O anjo está vinculado a esses dois elementos para indicar que as transformações dos estados mentais produzem mudanças corporais.

A Temperança abre portas para encontrar o equilíbrio. Temperar é moderar e suavizar, mas a temperança pode significar também endurecimento. Flexibilidade e resistência são características do temperado. Para temperar é necessário conhecer os extremos opostos e buscar seu encontro em um ponto médio, tarefa realizada pelo personagem dessa carta com os dois recipientes que misturam seu conteúdo para transformá-lo em um líquido de temperatura uniforme. Uma das vasilhas é de ouro e outra de prata para reiterar a união dos pares de opostos.

Para alcançar a temperança e reconciliar os pares de opostos é preciso superar várias provas. Nessas provas se manifesta a capacidade de reação apropriada, sua realização envolve aperfeiçoamento, reconhecimento dos erros, purificação e liberação.

Significado

Quando aparece em uma leitura, a Temperança simboliza o equilíbrio, a moderação e a cooperação com os demais. Se colocarmos um pouco de boa vontade de nossa parte, será possível recuperar a harmonia em qualquer situação que haja discussões ou controvérsias. A carta pode indicar uma necessidade de moderação, caso se esteja cometendo algum excesso, mas também aponta para uma renovação da criatividade e da inspiração. A Temperança é a carta da boa saúde em todas as áreas: física, mental e emocional. Se a preocupação da pessoa tem a ver com o seu estado de saúde, o surgimento desse arcano é o melhor remédio, pois promete sempre vitalidade e bem-estar.

Invertida

Disputas, desarmonia, competição com os outros e perturbação. O desequilíbrio e o caos estão afetando a vida da pessoa. Pode ser também uma advertência para não querer mais do que se tem no momento, pois, neste caso, a energia pode evaporar sem que se consiga melhores resultados. No caso de brigas e mau ambiente, é necessário buscar uma forma de recuperar a harmonia, uma vez que a Temperança (nem mesmo invertida) nunca se refere a problemas impossíveis de resolver.

Meditação

Sua observação e meditação diária dão o poder de conciliar os extremos que coexistem em cada um de nós, e que são nossos estabilizadores. Por isso, é interessante usar essa carta em combinação com o número 13. É uma carta adequada para pessoas que carecem de autoestima ou valorização pessoal; pode ser usada como pôster em quarto de adolescentes ou crianças muito perturbadas ou fechadas em si mesmas, assim como no quarto de pessoas doentes. Meditar sobre ela possibilita trazer o passado ao presente de modo suave e indolor. Funciona como um sedativo e tranquilizante; favorece o sono das pessoas que sofrem de insônia; sua meditação é útil em épocas de prova, ansiedade ou temor. Ajuda-nos a suportar a ideia de sair da zona de conforto e aventurar-nos no desconhecido. É conveniente seu uso em caso de excesso de agressividade contida, serve para suavizar os problemas; favorece o encontro do plano astral superior com as almas nobres e puras, por isso é ideal para eliminar o medo e a morte, compreendendo que somos eternos.

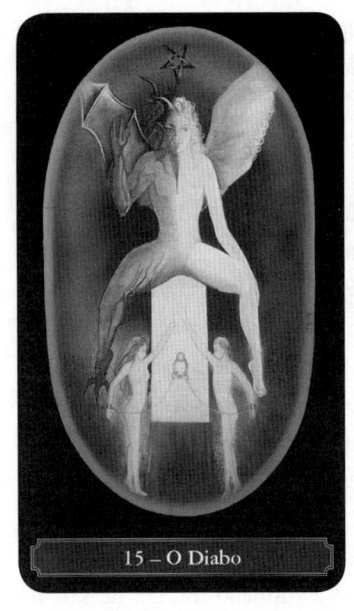

15 – O Diabo

15 – O DIABO

Essa carta indica cativeiro, hilaridade, deboche, confusão e falta de controle. O diabo está representado por uma figura ambivalente, metade anjo e metade monstro, espírito e matéria que expressam luta, o confronto dos pares de opostos que não se reconhecem como parte do Todo. Dois personagens menores que complementam a cena desse arcano: um homem e uma mulher que aparecem no primeiro plano.

Em termos alquímicos, o branco e o vermelho formam um sistema dual e se relacionam com o enxofre, símbolo da ardência. Os tons avermelhados na pele do Diabo sugerem violência. O inferno é representado com frequência por meio das chamas dessa cor. A metade monstro do Diabo tem um chifre torcido para lembrarmos um bode; sua figura evoca a forma de uma espiral irregular e imperfeita. Sua asa recorda os morcegos, animais noturnos que têm medo da luz, a barba e o cabelo são formados por linhas quebradas que se parecem com os raios de uma tempestade, os pés do monstro possuem garras no lugar dos dedos, armas para a defesa e ataque das feras.

Para completar a dualidade, a segunda metade do Diabo está representada por uma figura angelical, de traços femininos, com predomínio da cor branca luminosa, sugerindo pureza e paz. Seu cabelo enrolado conta com pequenas espirais para expressar evolução e desenvolvimento. As asas esboçam também espirais que ocupam o lugar das plumas. Sua doçura se contrasta dramaticamente com a brutalidade do monstro que a complementa.

O Diabo permanece sentado sobre um assento, símbolo do entendimento incompleto e imperfeito. As cores do arco-íris revestem esse assento para significar diversidade e se complementam com um fundo negro que representa o universo das trevas habitado pela ignorância.

O homem e a mulher despidos que aparecem na parte inferior da carta significam o estado primitivo, que terá que evoluir para se livrar da ignorância que os mantêm amarrados. Representam as mentes conscientes e subconscientes como divino ou cruel, sendo que isso não é mais do que uma aparência. As correntes de prata que o sustentam com uma argola de ouro simbolizam o cativeiro que vivem esses seres.

Em uma primeira apreciação dessa carta não se encontra harmonia. O conjunto é absurdo. A concordância se encontra no interior, na mensagem oculta dessa imagem grotesca e absurda que sugere a necessidade de aprender a enxergar além das aparências. A palavra Diabo provém do grego e significa calúnia. Mentira, difamação, falsidade, imparcialidade é o que encontramos quando nos atentamos somente às aparências, quando não conseguimos compreender a essência profunda e a verdade das coisas.

Significado

Do ponto de vista comum do ser humano, o Diabo é imagem e símbolo do mal e do indesejável, pois o que se vê é um mundo como uma luta entre a luz e a escuridão. Sendo assim, queremos sempre que o bem vença o mal. Entretanto, a realidade é que o bem e o mal não podem se separar, da mesma forma que não se pode separar uma sombra do seu próprio corpo. A escuridão é simplesmente uma ausência de luz causada pelos erros que escondem a verdade. A carta número 15 nos mostra esses erros. O primeiro deles é a ignorância: não saber a verdade e não perceber que não a conhece. O segundo é o materialismo: a crença de que fora do físico não há mais nada. Como seres espirituais que somos, nossa essência está desejosa do divino, mas ao confiar apenas nos sentidos físicos perdemos o contato com essa divindade. Portanto, quando essa carta aparece em uma leitura, costuma indicar que estamos presos em uma situação improdutiva e pouco saudável. Talvez não queiramos enxergar a verdade sobre algo nem mesmo nossos problemas; talvez o consulente esteja obsecado por uma ideia, uma pessoa, uma substância ou um padrão de comportamento que é ruim para ele. Às vezes, essa carta pode ser um reflexo da negatividade que nos faz ver o futuro totalmente negro.

De qualquer forma, quando aparece a figura do Diabo, é um indício de que se deve rever cuidadosamente as crenças, assegurar-se de que não se está trabalhando e basear-se na imagem da situação que responde em absoluto à verdade.

Invertida

Possibilidade de doença física por não atender suficientemente o corpo e suas necessidades. Relação inexplicável entre duas pessoas; obsessão desproporcional, intensa e magnética como se fosse um feitiço.

Meditação

É conveniente ser usada pelas pessoas que moram em áreas de intenso conflito, como nos bairros criminosos, onde há uso de drogas, prostituição etc. Em caso de divórcio, para que não seja traumático nem para os pais nem para os filhos. Costuma-se dizer que é útil para problemas nos ossos, nos músculos, de hiperemotividade, insensibilidade física ou psíquica, inércia, apatia, melancolia, doenças terminais ou virais. Devem também meditar sobre essa carta as pessoas cínicas e sarcásticas, para que consigam moderação. Para saber se algo merece ser vivido como um drama ou se é melhor rir da situação e levar para o lado bom ou como uma aprendizagem.

Essa carta pode nos ajudar a ver todos os aspectos de um problema, a superá-los com amor e humor. Pode também ajudar a terminar processos lentos, a expandir a consciência e, assim, ter confiança para abrandar certos conceitos e atitudes. Ajuda a estar em contato com o Eu Superior que está dentro de nós.

16 – A TORRE

16 – A Torre

A palavra que sintetiza o sentido oculto dessa carta é despertar. Está associada também aos conceitos de ruína, decepção e destruição. A figura da Torre está relacionada ao zigurat, templo mesopotâmico que tem a forma de uma pirâmide escalonada, assim como os obeliscos, instrumentos de união entre o céu e a terra. É vista como símbolo fálico e de fertilidade, como representação do eixo da Terra e como centro receptor da energia solar.

A Torre do Tarô do Arco-íris está formada pela estrutura cônica de 22 degraus, que formam uma espiral para sugerir o número de modalidades de consciência propostas pelo tarô. Sua figura corresponde à Torre de Babel. Representa a palavra não reflexiva e não iluminada, assim como o pensamento desorganizado. Simboliza consequentemente a soberba, a arrogância humana no sentido da torre babilônica destruída.

As cores do arco-íris revestem a edificação, mas apenas com uma simples camada de pintura, não formando a essência da Torre. Essa escala cromática está localizada para representar a perfeição e a congruência aparente. O interior da Torre está formado pelo ego de seus habitantes, está cheio de erros, de falsos conceitos, de palavras desarticuladas e confusão. No interior da Torre está a ignorância que deixam presos seus ocupantes. É necessário eliminar as velhas estruturas mentais para construir outras, só assim se alcança a luz da verdade e o despertar da consciência. Dessa maneira, os moradores da nova Torre estarão livres de toda limitação.

A Torre da ignorância é derrubada por um raio solar que representa o poder da vida. O sol é idêntico ao que aparece nas cartas anteriores. O extremo superior da Torre estava enfeitado por uma coroa de vaidade, que cai diante de um relâmpago para representar a superconsciência e a iluminação.

A cena mostrada nessa carta é de uma catástrofe, que é apenas aparente porque o único que se destrói é o erro, de modo que seu lugar será ocupado pela verdade. Os habitantes da Torre são lançados ao abismo. A figura feminina representa a subconsciência e a masculina a mente consciente. Essas figuras aparecem vestidas e suas roupas fazem uma leve alusão ao conceito do pecado. O princípio de dualidade está representado nas roupas do casal – ele se veste de ouro e ela de prata – e, na base da Torre, encontram-se os mesmos metais que simbolizam os pares de opostos.

Significado

A Torre representa sempre uma mudança, repentina, espetacular e, às vezes, dramática. Quando as mudanças são paulatinas e graduais permitem nossa adaptação. Outras vezes, no entanto, sua ação é rápida e também explosiva. Isso é o que representa a Torre. De qualquer forma, as crises repentinas que surgem em nossas vidas vêm sempre nos despertar, quando algo anda mal e não fazemos nada a respeito. Você é muito orgulhoso ou orgulhosa? Seu ego vai sofrer uma decepção. Está se negando a ver algo? Logo vai "quebrar a cara". Vive hospedado em sua torre de marfim? Os elementos o destruirão antes do que imagina. O importante agora é saber como responderá aos acontecimentos anunciado pela Torre. Antes de mais nada é preciso reconhecer que o cataclismo ocorreu porque era necessário. Talvez seja pedir muito abraçar com alegria esse tipo de mudança que chega à vida, no entanto, deve-se enxergar tudo isso pelo lado positivo. No fim, verá que a pressão para mudar de direção foi necessária e que, se dependesse exclusivamente de você, nunca faria nada por essa mudança.

Invertida

Tradicionalmente, essa carta invertida está associada a algum tipo de confinamento: prisão, detenção, cadeia e até mesmo um hospital. Às vezes, esse confinamento é mais simbólico do que físico, podendo ter lugar no campo mental ou emocional. De qualquer forma, costuma sempre representar uma violenta ruptura com os costumes cotidianos: perda de trabalho, ruptura do casal, doença repentina, entre outros. Tudo depende das cartas que acompanham a Torre invertida.

Meditação

Pode nos ajudar a não fraquejar e conseguir chegar ao estado idôneo para derrubar as máscaras e as defesas usuais do ego inferior. É uma carta ideal quando queremos ir de um lugar para o outro sem sofrer os golpes que a vida nos dá. Medite sobre essa carta quando estiver muito cansado e não pode comprovar de onde vem esse cansaço. Também para romper as aparências enganosas. É útil para as pessoas cuja vida é excessivamente caótica. Sua meditação diária ajuda a não ser dogmáticos, até chegar a erradicar o que realmente nos separa do resto da criação, vendo de um modo holístico. É uma carta que purifica apenas com um olhar e nos ajuda a perceber o efêmero da criação humana. Sua meditação nos ajuda a ser mais tolerantes e flexíveis em tudo. É boa também para derrubar o muro de conceitos e ideias pré-concebidas que criam o separatismo, pois destrói os obstáculos que nos separam da divindade e nos ajuda a compreender que, junto a Deus, somos cocriadores da nossa própria existência.

17 – A ESTRELA

17 – A Estrela

A revelação, o descobrimento e a meditação são alguns dos conceitos relacionados a essa carta. No Tarô do Arco-íris, a Estrela central de oito pontas representa o poder da vida, da quinta-essência dos alquimistas, do elemento espiritual que se soma ao ar, da água, do fogo e da terra. A Estrela expressa também a energia de luz universal condensada.

Essa energia manifestada pela estrela principal se apresenta também nos sete astros menores que a rodeiam. As estrelas pequenas aparecem como expressões da quinta-essência, dos sete metais alquímicos (chumbo, ferro, estanho, ouro, prata, cobre e mercúrio), dos sete chakras ou centros energéticos, bem como das sete cores do arco-íris, simbolizando a riqueza infinita das forças cósmicas.

A mulher representa a grande mãe universal, a Ísis, a Stella Maris da mitologia grega, que exerce suas funções de guardar e preservar. Personaliza a união dos estados luminosos da consciência, ligados à escuridão do inconsciente. Não é possível romper o véu da Ísis sem antes compreender sua essência; ela representa a verdade revelada por meio da prática da meditação, principal atribuição dessa carta. O ato de meditar envolve a busca de respostas, das quais se encontra a atenção de um tema específico, silenciando a atividade superficial da consciência pessoal. Quando a prática da meditação é correta, escuta-se a voz do Papa.

A mulher veste um traje que contém as cores do arco-íris, representando a totalidade do conhecimento que pode nos ser revelada e que será descoberta por meio da meditação. A Estrela e a mulher se completam, uma parte da Estrela se une ao corpo da mulher e assim a figura feminina faz parte do astro. A energia representada pela Estrela e a verdade expressa pela mulher são duas partes de um todo unido pela harmonia.

Suas mãos seguram duas vasilhas, uma de ouro, que representa a consciência, e outra de prata, que simboliza a subconsciência. Nas alças desses recipientes estão desenhados espirais que sugerem a evolução constante. Um dos cântaros derrama seu conteúdo sobre a mesma corrente de água que lhe deu origem. A água da segunda vasilha rega a terra para facilitar a germinação de toda semente e forma cinco leitos que nos sugerem a presença dos cinco sentidos.

Significado

O ser humano tem olhado sempre para as estrelas em busca de inspiração e esperança. Há uma luz que brilha dentro de nós e nos eleva a um plano superior. Quando olhamos para o céu, deixamos de sentir por um instante os pesares da Terra. Tradicionalmente, a Estrela é considerada uma carta cuja contemplação nos eleva, tanto espiritual como emocionalmente. Quando aparece em uma leitura, é sempre considerada uma benção, que vem para nos tranquilizar e dizer para termos fé no futuro. Ela nos diz que encontraremos a paz e a felicidade que merecemos. Também para abrirmos nosso coração e abandonar os medos e dúvidas que nos assombram. É o momento da generosidade. É importante saber que a Estrela é uma carta que nos traz inspiração, nos eleva o espírito e nos dá ânimo, mas ao mesmo tempo não dá soluções práticas nem respostas prontas para o que desejamos saber. Obviamente, sem inspiração e esperança é impossível conquistar qualquer coisa. A Estrela nos diz para estarmos no caminho correto, para ter ânimo na vida e abençoa o caminho. Entretanto, para conseguir o que se quer é preciso empregar a ação. A luz da Estrela ajudará nos esforços empreendidos.

Invertida

Perda da esperança, desilusão e possível depressão. Pode indicar cansaço mental, físico ou emocional, mas geralmente se trata de estados passageiros que podem ser superados sem muita dificuldade.

Meditação

Esta é a carta dos astrólogos e clarividentes. O fato de meditar sobre ela diariamente potencializa os dons psíquicos; favorece a arte e a criatividade. Alivia as tensões de todo tipo, especialmente as nervosas; ajuda a receber mensagens procedentes do Eu superior, do qual nos proporciona maior plenitude e eficácia. Limpa o corpo de mucosidades; é boa para o hipertireoidismo e melhora todos os problemas respiratórios. Traz disciplina e unifica as ações com os problemas; nos leva a prestar mais atenção aos detalhes essenciais e facilita a conexão com o inconsciente coletivo. Pode ser usada quando acreditamos que alguém nos mente descaradamente; serve para que possamos nos descobrir. É uma das cartas regenerativas em nível celular; representa a ação dentro da não ação. Juntamente com o Papa, costuma-se dizer que é ideal para conseguir uma boa recuperação celular.

18 – A Lua

18 – A LUA

Organização, sonho e consciência corporal são os principais conceitos relacionados a essa carta. A Lua é o símbolo do princípio feminino, o *yin* da China antiga. É o astro noturno, que reflete a luz do sol, seu oposto e complemento. Reguladora de todos os ciclos, a Lua é chamada de filha do firmamento, aquela que vive entre as águas. A Selene (deusa da Lua) está relacionada à fertilidade, à prata e à água, mãe terra de toda a vida.

Esse arcano apresenta a Lua de três maneiras:

- Um grande círculo, com ondulações azuis, representa a lua cheia em seu máximo esplendor.

- No interior da lua cheia, encontra-se uma lua crescente, a mesma que aparece dentro da taça na mesa do Mago. Elas estão unidas por sua essência; a água flui de forma sinuosa através das duas representações do corpo celeste: a água forma a cabeleira da lua crescente e abrange com seu fluxo de ondas todo o interior da lua cheia.

- Uma mulher habita o interior das duas luas. Essa personagem representa a essência feminina da Lua, o conjunto de forças cósmicas operando no campo da personalidade humana e do corpo físico. Seu traje tem as cores do arco-íris e representa a totalidade, a multiplicidade e a perfeição: totalidade dos ciclos e ritmos manifestados sob a influência da lua; multiplicidade de mudanças que devem ser realizadas no corpo físico para alcançar níveis superiores de consciência; e perfeição da estrutura corporal que realiza corretamente todas as suas funções.

O simbolismo profundo dessa carta sugere a necessidade de realizar mudanças sutis na estrutura do corpo físico, para que seja cada vez mais sensível e capaz de responder ou receber. Se a estrutura corporal é imperfeita e se os órgãos do corpo não atingirem seu desenvolvimento e perfeição máxima, não será possível a manifestação das formas elevadas da consciência. O verdadeiro desenvolvimento espiritual exige transformações fisiológicas. Essa carta está relacionada ao sonho, pois, durante essa etapa de transformações fisiológicas, opera-se a reparação energética do corpo.

Ao lado da figura feminina, estão dois animais que representam o par de opostos. Um cachorro de prata e um lobo dourado. O cachorro é produto da adaptação humana, sua estrutura corporal tem sido modificada pela vontade do ser humano que o domestica. O lobo representa um monstro que não foi domado e conserva suas condições de brutalidade e selvageria. No primeiro plano, aparece um caranguejo que encarna a energia instintiva, a determinação e a perseverança. Esse animal simboliza as fases primitivas do desenvolvimento. Sua carapaça é a única proteção que conta para livra-se de qualquer ataque, e está localizado no centro de um poço que representa a subconsciência. O movimento da água em forma de espiral sugere o processo de evolução que deve experimentar o caranguejo para sair do seu estado primitivo e alcançar níveis superiores de desenvolvimento. Diante do caminho que tem de percorrer, esse animal expressa também determinação e perseverança.

Significado

A Lua é a luz do mundo das sombras, a luz da noite. Suas circunstâncias podem não ser as mais agradáveis, mas também não chegam a ser as mais aterrorizantes. A Lua inspira e encanta, promete que podemos alcançar tudo aquilo que queremos. Ela nos guia rumo ao desconhecido e nos diz o que permite em nossas vidas entre o estranho e o pouco habitual. O aparecimento da Lua em uma tiragem costuma indicar medo e ansiedade, como as que sentimos na calada da noite.

Também representa as ilusões equivocadas e a distorção da realidade, uma vez que a luz da lua é fácil de nos confundir e tomar uma coisa por outra. É importante atentar-se e não permitir que as falsas ideias nos desencaminhem. Às vezes, essa carta vem justamente nos dizer que perdemos o norte e estamos dando volta em círculos mesmo acreditando que avançamos. Neste caso, é necessário esforçar-se para voltar de novo ao caminho correto e a ter clareza de propósitos.

Invertida

A Lua em posição invertida simboliza especialmente a confusão. Talvez estejamos mentindo ou alguém está mentindo para nós. Também pode representar uma atitude excessivamente materialista e de rejeição a tudo aquilo que tem a ver com a intuição e o paranormal, um ceticismo exagerado.

Meditação

Tudo aquilo que acontece em nossas vidas deve ser submetido ao juízo da razão de forma clara e lúcida, já que são inúmeras as sensações e as ideias que nos invadem, mas que nem sempre são nossas. Essa carta é um preventivo para poder delimitar o falso do verdadeiro, especialmente se meditamos junto ao Sol, ao Eremita, à Imperatriz e ao Imperador.

É recomendada para amenizar problemas no sistema linfático, retenção de líquido e tudo aquilo que tem a ver com o aparelho digestivo, com a assimilação, digestão e evacuação.

É importante meditar sobre essa carta no caso de esclerose múltipla ou doença de Parkinson. Também para acabar com os mal-entendidos e corrigir os erros do passado, perdoando e sendo perdoado, assim como eliminando a melancolia crônica. Para erradicar os estados alterados de consciência quimérica e dos absurdos (possessões, esquizofrenias, paranoias etc.), assim como da mitomania. Por fim, para aniquilar as visões proféticas e caóticas, transformando-as em visões claras.

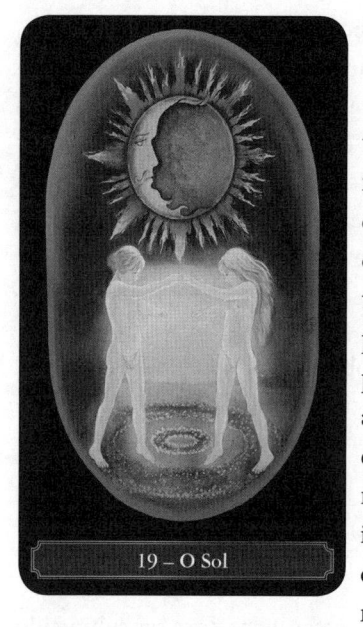

19 – O Sol

19 – O SOL

Regeneração, esplendor, abertura, triunfo, felicidade e energia são algumas das palavras que se relacionam diretamente a essa carta. Todas as culturas dão uma especial importância ao Sol, eixo do nosso sistema planetário e astro rei; símbolo do poder e da realeza. As escolas ocultas associam o Sol ao elemento do fogo e do ouro, fonte de luz e calor que representa o poder da vida. É uma imagem visível do transcendente, do princípio da luz e da expressão máxima da energia masculina. A figura do Sol corresponde aos deuses gregos Hélios e Apolo e também à divindade egípcia Hórus.

O Sol que vemos nessa carta é o mesmo que aparece no horizonte do Louco, na moeda colocada na mesa do Mago, no amanhecer representado na Morte e na cena de destruição da Torre. É de ouro para ratificar sua íntima relação com os atributos desse metal. A cor dourada realça os tons avermelhados para sugerir poder energético. A cor alaranjada está associada ao elevado grau de espiritualidade e em forma de prana, energia primordial da qual derivam a luz e o calor.

O perfil masculino lembra que o Sol não é um objeto celeste inanimado, é sim uma fonte de vida, de ouro vivente que fundamenta o Universo. No primeiro plano da carta aparece um casal de crianças que representa a humanidade regenerada, localizada no plano da espiritualidade. O menino e a menina representam os pares de opostos em perfeita harmonia. Dançam desnudos para significar inocência e verdade. Os pequenos personagens dançam sobre um jardim formado por anéis concêntricos.

O jardim desse arcano está formado por flores douradas e prateadas para destacar o princípio de dualidade. Os círculos concêntricos simbolizam a energia vibrante e apresentam-se como uma nova referência da energia solar. As circunferências mostram-se em perspectiva, formando figuras ovais que sugerem a presença da nascente de uma semente. As formas concêntricas do jardim também se referem à quarta dimensão e ao fato de que os caminhos da espiritualidade são diferentes dos traçados no plano terrestre. O arco-íris que aparece ao fundo, expressão da luz solar em contato com a água, representa beleza, pureza e alegria.

Significado

Por causa do seu significado universal de luz, força e esplendor, o Sol é, portanto, uma carta muito especial. As tiragens em que aparece o Sol, indicam alegria, luz e vitalidade. Representa calor e energia em todos os campos, seja no trabalho, nas relações ou no aspecto monetário. Costuma ser um presságio de bons tempos e anuncia que finalmente se conseguirá aquilo que tanto desejou e se tem lutado. Terá êxito em qualquer empreendimento, brilhará. Em uma interpretação mais literal, essa carta representa também as crianças. Boas notícias relacionadas a crianças e, em caso de aparecer junto a Imperatriz, sem dúvida haverá o nascimento de alguém muito especial.

Invertida

Intranquilidade, felicidade, desilusão, perdas e fracassos. Talvez a arrogância e a vaidade façam com que a pessoa perca a perspectiva da realidade, não trabalhe o suficiente e não se esforce na direção adequada. Quando se refere às crianças, pode indicar deficiências na saúde, alergias, problemas escolares, déficit de atenção ou hiperatividade.

Meditação

Antes de dormir pode parecer que ultrapassamos a fronteira do psíquico para chegar à luz verdadeira. O certo é que devemos usar essa carta como uma mandala em nosso ambiente de trabalho cotidiano, para não cometermos os mesmos erros. Propicia a chegada da cara metade. Também pode ser usada em caso de distúrbios, tais como: agonia, ansiedade, anginas de peito, problemas das glândulas endócrinas ou de circulação sanguínea. É indicada para simplificar a vida no sentido dos aspectos emotivos e para que não haja erros; para elevar o pensamento, romper as limitações e saber o que realmente queremos e buscamos na vida. Desenvolve a clariaudiência assim como a capacidade de ouvir a voz do silêncio, a voz que está além de qualquer tipo de som e da esfera musical.

20 – O Julgamento

20 – O JULGAMENTO

Os atributos que correspondem a esse arcano são: realização, ressurreição, decisão, princípio e fim. Diante do Julgamento participam quatro personagens: um anjo, uma mulher, um homem e uma criança. Considera-se que essa carta refere-se ao Julgamento ou Juízo Final.

O anjo representa a vontade de viver, um mensageiro que proclama o despertar da consciência. É o verdadeiro Eu anunciando o renascimento. Corresponde à figura bíblica da Anunciação. Sua imagem está associada ao anjo Gabriel. Sua figura mostra-se incompleta porque representa o estado sutil do ser. A parte inferior de seu corpo desmancha-se na atmosfera para expressar sua delicada essência imaterial. Da cabeça do anjo surgem raios resplandecentes da luz branca, enquadrados por uma auréola de ouro que expressa a identificação do mensageiro com a divindade. O anel dourado representa a totalidade e a energia cósmica. Sobre o aro descansam 12 raios de ouro e prata que recordam o princípio da polaridade e fazem referência aos signos astrais. O cabelo do anjo é branco para significar pureza, sabedoria e iluminação. A luz do anjo reveste toda a cena representada, expressando ressurreição e restauração; ele leva em suas asas todas as cores do arco-íris, que correspondem aos bons presságios, a totalidade, a harmonia e a Íris, mensageira dos deuses. Veste um traje de ouro para simbolizar o poder que lhe foi conferido. Toca um trompete de ouro e prata que emite sete raios para relembrar os sete sacramentos, os sete planetas e os sete chakras.

O homem personaliza a consciência, a mulher a subconsciência e a criança é a soma de ambos expressada em sua personalidade. Os três representam o ser humano que se encontra próximo da meta final e da sua identificação com a consciência universal.

As três figuras libertam-se do cativeiro. Sepultadas no mundo da escuridão, num terreno rachado e estéril, emergem a luz anunciada pelo anjo. A pele dos corpos referentes aos três personagens apresenta rachaduras parecidas com a terra que lhes cobriu e serviu de tumba. Ao sair à luz, resgata sua integridade, começa a curar as feridas e recupera a juventude de todo corpo vigoroso. A pele e o cabelo desses personagens são cinza para representar a união das cores representativas da polaridade: o branco e o preto.

Significado

Uma interpretação da carta 20 tem a ver com os sentimentos relacionados à salvação. Diante da chamada do anjo, nascemos de novo, limpos de toda culpa e toda a carga. Os erros do passado ficam para trás e assim estamos prontos para começar de novo. Um novo ciclo, muito mais elevado e luminoso se inicia neste momento. Se a pessoa passou por um período de autoestima baixa, pode estar segura de que chegou ao fim dessa fase obscura. A renovação está em qualquer esquina. Às vezes, essa carta pode significar também a chamada da vocação, uma força inexplicável que nos impulsiona para determinado caminho em nossas vidas. E, finalmente, em uma interpretação mais literal, está relacionada também aos julgamentos, tanto ao fato de nos julgarmos à conveniência ou não de realizar determinadas ações, como também ao fato de sermos julgados por outros, inclusive ao juízo final, especialmente se vier acompanhada da Justiça.

Invertida

Pode indicar uma época de estagnação por postergar uma decisão importante. Ambiguidade, medo de avançar; medo da morte, especialmente em idade avançada.

Meditação

É considerada útil para tomar resoluções acertadas, resolver ou dissolver angústias do passado e tomar novas iniciativas. Protege e purifica, é estimulante e pacificadora. Para obter compreensão diante dos fatos consumados, sejam nossos ou dos outros, viver o eterno presente e não nos ocupar mais disso. É indicada para problemas de brônquios, ouvidos e vias respiratórias em geral; para aqueles que sentem claustrofobia ou medos irracionais. Esse arcano representa o momento da qual estamos preparados para receber nosso magistério de vida; meditar sobre essa carta evita cairmos em estado de desilusão; fecunda a inteligência humana, fazendo ouvir a voz da verdade absoluta.

21 – O Mundo

21 – O MUNDO

Essa carta representa a consciência cósmica. Transformação, renovação e conservação da natureza são outros dos seus significados ocultos. O arcano do Mundo, o último dos maiores, representa o conceito de nirvana, modelo de perfeição, plenitude e máxima expressão do esplendoroso absoluto que se identifica com a divindade. O Mundo integra todos os significados dos arcanos que o precedem. Simboliza o absoluto, a perfeita harmonia do ser humano que experimenta a identificação de sua consciência pessoal com o Universo e com todos os planetas.

A figura humana vista nesse arcano é reconhecida como parte integrante do cosmos. Apresenta-se despida porque não necessita se cobrir, pois não tem nada que esconder. Após percorrer o caminho traçado pelas 21 cartas anteriores, o espírito finalmente rege sobre a matéria, transforma as energias individuais. O personagem encontra-se no centro do cosmos, sua dança expressa liberdade. Sustenta em suas mãos duas varetas que giram em direções opostas para representar o princípio da dualidade. Os pares de opostos se complementam e se reconciliam. Das duas varetas, irradia-se uma luz branca para simbolizar a soma das forças energéticas que se integram e se desintegram e, ao mesmo tempo, encontram-se nas mãos do homem. Sugere também o princípio hermético, que indica a igualdade entre o que está acima e o que está abaixo.

Uma espiral multicolorida parte do coração e expressa a ideia de desenvolvimento. Todo processo envolve diferentes fases ou etapas que podem ser cumpridas até uma transformação permanente e inesgotável. O homem encontra-se localizado no centro de uma figura oval formada por 22 letras *yod* que se referem às várias etapas de desenvolvimento expresso nos 22 arcanos maiores do tarô. A elipse traçada pelas *yods* de ouro e prata é sinal de manifestação cósmica, representa o zero, a figura da semente como fonte de vida e sua totalidade representa uma figura dançante.

Significado

Geralmente, a carta do Mundo é motivo de felicidade e uma indicação de harmonia. É a confirmação de que tudo está funcionando devidamente e que está em seu lugar. Essa carta é a personalização de um prazeroso equilíbrio dinâmico e da conexão de tudo que nos rodeia, assim como dos níveis mais elevados da existência. Assim, a felicidade e a conexão são seus significados primordiais. Também está implícita a ideia de conquista e êxito, de cumprimento e consagração, das metas alcançadas, de proteção e benção. Quando aparece acompanhada da Imperatriz ou do Dez de Copas pode indicar o início de uma família. Resumindo, é uma carta muito positiva, que vem confirmar a realização dos nossos desejos mais queridos, de qualquer que seja a área da consulta.

Invertida

Pode representar mudanças, acontecimentos inevitáveis e o fato de não aprender as experiências do passado. Também faz parte a estagnação, a sensação de insegurança interior, o medo e as emoções negativas.

Meditação

É útil para equilibrar os chakras e viver livremente com todo o poder pessoal, permanecendo feliz e livre de todo sentimento de culpa. Serve também para nos proteger das correntes telúricas ou psíquicas negativas ou vampirizadoras; para aliviar os transtornos inflamatórios, as comoções, desilusões e qualquer tipo de problema infeccioso ou estressante. Para proteger nossas camadas etéreas e astrais das influências mentais e alheias.

Para aumentar a quantidade de luz interior e atrair as forças cósmicas positivas a fim de trabalhar pelo bem comum. Sentir-se útil para si mesmo e para os demais sem delírios ou messianismos extremos. Saber quem somos, de onde viemos e aonde vamos.

OS ARCANOS MENORES

O arco-íris é a fita que a natureza usa
depois de ter lavado a cabeça.

Ramón Gómez de la Serna

Os Arcanos Menores formam um baralho de 56 cartas, bem parecido com os naipes comuns, com cartas numeradas das quais aparecem os quatro personagens típicos da corte: o Rei, a Rainha, o Príncipe e a Princesa. Tradicionalmente, considera-se que os arcanos menores referem-se a situações da vida cotidiana, indicando soluções aos problemas reais com os quais temos que lidar. O significado e a interpretação de cada um dos Arcanos Menores costumam variar bastante de um autor para outro. Como sempre, o melhor para o principiante é apropriar-se da informação contida em livros ou adquirida em cursos, ou seja, a que sentir que é correta e, a partir daí, basear-se em sua intuição para criar uma estrutura de significados, que será apenas sua e funcionará para sempre. No entanto, há certos conceitos que são aceitos quase unanimemente. Assim, o naipe de Ouros está relacionado ao elemento Terra, com o plano físico, os sentidos e os signos de zodíaco Touro, Virgem e Capricórnio. Considera-se que tem a ver com a experiência prática e com a realidade tangível. A pessoa em que predomina o elemento Terra é eminentemente prática, de grande resistência, constante e sempre disposta a trabalhar; esforça-se e sacrifica-se para alcançar seus objetivos. Raramente se rende, por mais longo e difícil que seja o caminho que tenha a seguir. Às vezes, custa muito lhe arrancar algo e seus movimentos não são muito rápidos, porém, são seguros e incansáveis. Prefere ter dinheiro no banco a criar ilusões, isto é, opta pelas coisas tangíveis em vez de argumentos teóricos. O dinheiro e os bens materiais (ou a ausência dos dois) são sempre importantes.

Por outro lado, o naipe de Copas geralmente se refere ao mundo intangível, às emoções, aos sentimentos, à intuição e à imaginação. Está relacionado ao elemento Água e com os signos Câncer, Escorpião e Peixes. A Água carece de forma fixa, adaptando-se sempre e tomando a forma de uma taça ou recipiente que a contém. É o elemento dos sentimentos, das respostas e das reações emotivas, da compaixão e dos processos conscientes profundos. Em seu aspecto mais pronunciado, representa os místicos, os sonhadores, os artistas e todos aqueles que estão em contato com as dimensões mais profundas da alma e da vida humana.

O naipe de Espadas refere-se ao reino da mente e ao elemento Ar, que rege os signos de Gêmeos, Libra e Aquário. Sua energia é efêmera, sutil e sempre instável. Faz parte do reino mental, totalmente livre de restrições terrenas ou físicas, o reino dos conceitos, das abstrações e das ideias puras, alheio ao material e aos sentimentos. Pode parecer um mundo árido, desapegado e estéril, no entanto, deve-se destacar que as ideias são origem de toda a criação, de toda conquista e realidade física.

Por último, o naipe de Paus relaciona-se à força vital básica. São regidos pelo elemento Fogo os signos de Áries, Leão e Sagitário. A energia do Fogo é radiante, excitante e entusiasta. As pessoas em que predomina esse tipo de vibração costumam ser rápidas, espontâneas e com grande força. Também são objetivas e muito trabalhadoras, com elevada autoestima e grande desejo de alcançar seus objetivos. Sua energia mental é muito poderosa e sempre focada com o mundo exterior. Valorizam demais a liberdade e podem chegar a ser impacientes, sobretudo em suas relações com as pessoas de Terra – que são consideradas lentas – e também com as de Água, pois a água apaga a energia do Fogo. Sua relação com o Ar é muito mais fácil e fluente. Na verdade, o ar aviva o fogo, podendo formar chamas partindo de simples brasas.

Em relação às figuras da corte, geralmente os reis costumam representar as pessoas do gênero masculino, de idade madura e com as qualidades do naipe correspondente. Às vezes, são figuras de autoridade, como o pai ou alguém com sabedoria e experiência. As rainhas quase sempre representam as mulheres também maduras e com as qualidades do naipe em questão. Pode ser a mãe ou outra pessoa com características semelhantes, ou ainda, por vezes, um homem com qualidades ou natureza sensível e protetora. Os príncipes costumam ser jovens do gênero masculino, já as princesas são jovens ou meninas, sempre com qualidades e características do naipe correspondente.

Composição dos Arcanos Menores no Tarô do Arco-íris

Cores

Como dissemos nas primeiras páginas, as cores empregadas nas 78 cartas formam um grande arco-íris. Essas cores aparecem no fundo de cada carta da seguinte maneira:

- Arcanos maiores: violeta e azul;
- Paus: azul e verde;
- Copas: verde e amarelo;
- Espadas: amarelo e laranja;
- Ouros: laranja e vermelho.

As Figuras Da Corte

Todos os personagens estão vestidos de branco e são cobertos por camadas que contêm as cores do arco-íris.

Os reis e as rainhas usam coroas e carregam cetros (bastões) que reproduzem os seguintes símbolos:

- Paus: espiral de ouro (fogo);
- Copas: recipiente com lua (água);
- Espadas: estrela de oito pontas (ar);
- Ouros: sol com perfil masculino (terra).

Os trajes dos reis e das rainhas estão enfeitados com duas faixas que repetem os símbolos que lhes correspondem e calçam sapatos de ouro e prata.

Os príncipes e as princesas seguram pequenos cetros e não possuem coroas, determinando uma clara diferença dos seus soberanos. Aparecem descalços e suas vestimentas estão enfeitadas por uma só faixa para insistir em sua qualidade de subordinados.

Os corcéis dos príncipes correspondem aos elementos que representam:

- Paus: cavalo de cor café que descansa em pé (terra);
- Copas: unicórnio branco purificador das águas (água);
- Espadas: pégaso cortando o vento (ar);
- Ouros ou pentáculos: cavalo dourado que atravessa o fogo cavalgando (fogo).

Os Quatro Naipes

Os quatro triunfos ou naipes: paus, copas, espadas e ouros conservam a mesma forma dos elementos colocados sobre a mesa do Mago. Em todos os casos, a figura central é o arco-íris, assim como os ouros, as copas, as espadas e os paus estão colocados em forma circular, seguindo a direção dos ponteiros de um relógio. A composição das cartas em cada um dos quatro naipes é idêntica:

- Ás: contém um arco-íris central em sua forma tradicional. (No restante dos arcanos, o arco-íris localiza-se no centro, dentro da figura geométrica que lhe corresponde, de acordo com o número que representa);
- Dois: círculo;
- Três: estrela de três pontas dentro de um triângulo;
- Quatro: estrela de quatro pontas dentro de um losango;
- Cinco: estrela de cinco pontas dentro de um pentágono;
- Seis: estrela de seis pontas dentro de um hexágono;
- Sete: estrela de sete pontas dentro de um heptágono;
- Oito: estrela de oito pontas dentro de um octógono;
- Nove: estrela de nove pontas dentro de um decágono.

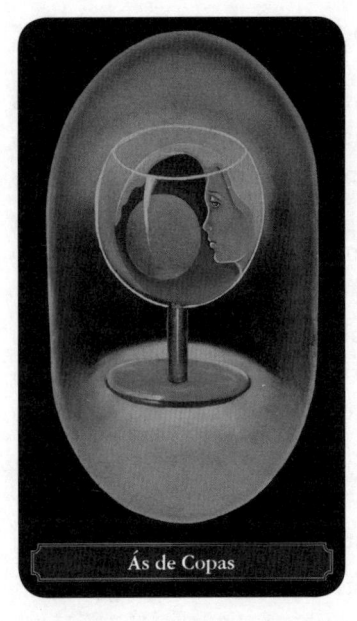

Ás de Copas

O ÁS DE COPAS

O Ás de Copas simboliza grandes possibilidades no que diz respeito aos sentimentos, à intimidade, à composição e ao amor. A semente da consciência emotiva ou emocional tem sido cultivada em sua vida mesmo que talvez ainda não seja consciente disso. Quando essa semente crescer, poderá adotar quase que qualquer forma.

No mundo exterior, essa carta pode indicar um encontro imprevisto, uma oportunidade, um presente ou uma casualidade bem significativa no âmbito emocional. Quando o Ás de Copas aparece, pode ser um indício de que o amor é essencial para a situação que se encontra atualmente. Pode-se tratar de um amor romântico, mas também de outro tipo de amor. Também pode focar na espiritualidade. Copas é o naipe do coração, sendo que sua máxima e principal expressão é o Ás. Se neste momento da vida você tiver dúvidas sobre qual caminho escolher, confie em seu coração. Deixe que o poder das emoções e dos sentimentos lhe oriente. E se o amor aparecer em sua vida pode abraçá-lo.

Invertida

Amor não correspondido; fim de uma relação amorosa; coração despedaçado; problemas em uma relação já existente; tristeza; dificuldades matrimoniais; vazio emocional; sensação de ser rejeitado ou manipulado.

O DOIS DE COPAS

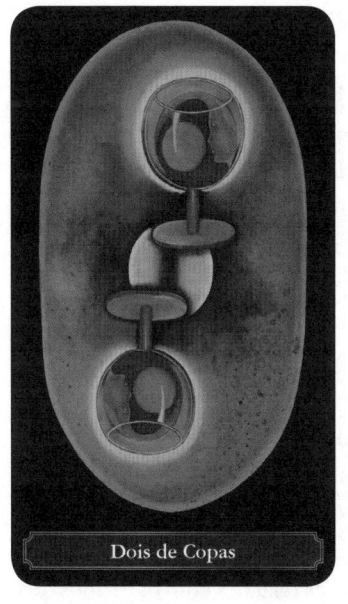

Dois de Copas

O significado mais comum do Dois de Copas é a relação entre duas pessoas. Evidentemente, trata-se de uma relação de tipo sentimental e amorosa, em que a atração sexual pode ter um papel importante.

O Dois de Copas é a carta que, dentro dos Arcanos Menores, corresponde aos Amantes. Porém, esse arcano também tem um significado mais profundo, relacionado à união de duas entidades, grupos, pessoas ou ideais. Quando aparece em uma leitura, é conveniente buscar conexões, especialmente nas relações. Não é o momento de separação, mas sim de união. É o momento de trabalhar juntos para conquistar o objetivo comum.

Se atualmente há um conflito em sua vida, procure uma trégua por todos os meios e busque também a possibilidade de perdoar e ser perdoado. Quando se trata de duas forças ou tendências que estão lutando em seu interior, deve-se tratar de reconciliá-las. Mas, às vezes, nem tudo é perfeito. Vale a pena ser prudente, pois a energia do Dois de Copas está mais diluída que a dos Enamorados. Por um lado, o poder dos Arcanos Menores é diferente. Por outro lado, os Enamorados representam a união de dois seres completos, enquanto o Dois de Copas é uma união mais imatura que ainda parece estável e pode cair em pedaços. Na realidade, apenas dos envolvidos depende o futuro dessa união.

O TRÊS DE COPAS

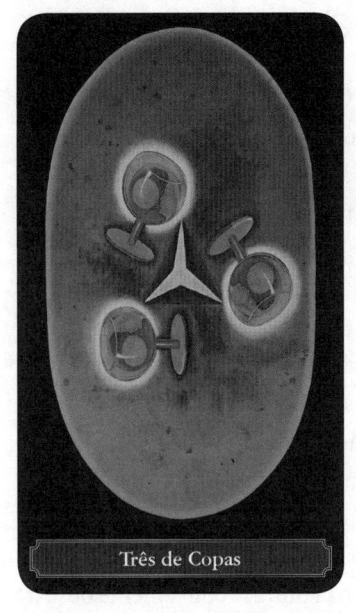

Três de Copas

Para muitos, as palavras que melhor definem essa carta são exuberância, amizade e comunidade. Quando aparece em uma leitura, pode referir-se a uma pessoa amiga ou a sentimentos relacionados à amizade. Pode, inclusive, representar a comunidade e a esse grupo de apoio que se forma de maneira automática quando nos relacionamos diretamente com os demais.

Quando essa carta aparece, é conveniente examinar qual é o estado de nossas relações com os grupos dos quais fazemos parte. O Três de Copas pode indicar qualquer tipo de ocasião em que as pessoas celebram juntas determinado acontecimento, como um casamento, um aniversário, uma festa etc. Embora os problemas da vida continuem, a pessoa pode tirar um tempo para esquecer as adversidades da vida diária e desfrutar da companhia dos amigos e dos seres queridos.

Normalmente, esse tipo de descanso é necessário antes e depois de períodos de muito estresse, a fim de evitar um desgaste físico ou emocional maior. Se esse arcano aparece num momento em que se está muito estressado, tire um tempo para recuperar-se e obter apoio dos amigos antes de voltar à luta.

O QUATRO DE COPAS

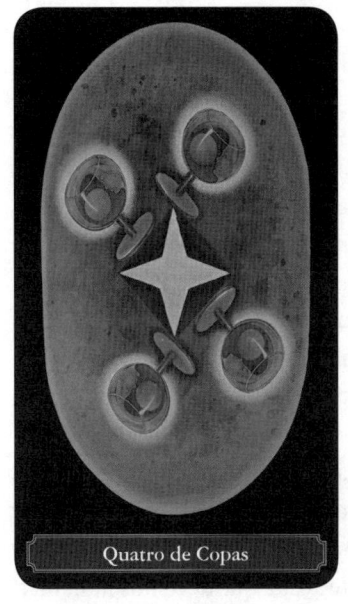

Quatro de Copas

O Quatro de Copas representa um desses períodos em que as coisas não vão bem, parecem paradas, ou então quando estamos andando em círculos e não chegamos a nenhum lugar mesmo com todo nosso esforço.

Claro que isso se refere a um lado emocional de nossas vidas. Muitas vezes, indica um período em que a pessoa está excessivamente focada em si mesma, ou seja, acredita que tudo que acontece à sua volta lhe foi destinado, especialmente no que se refere às questões não muito agradáveis. É evidente que, às vezes, é necessário focarmos e nos concentrarmos em nós mesmos, pois é a partir desse momento de reflexão que podemos sair mais fortes e renovados. Entretanto, essa carta costuma destacar um período em que essa atitude não é a mais adequada nem conveniente. O fato de nos recolhermos faz com que nos fechemos para os demais, para o mundo e para as experiências que poderiam ser valiosas ou esperançosas.

Outras vezes, o Quatro de Copas é um indício de apatia, de um estado em que nada nos importa. A vida parece chata, perdemos o interesse pelas coisas e pelas atividades que antes nos davam prazer. Precisamos de motivação para realizar o mínimo esforço na direção que seja e ficamos emocionalmente bloqueados. Neste caso, precisamos buscar um centro, um foco de interesse e nos dedicarmos plenamente a ele. É necessário nos abrirmos para o mundo. Dessa maneira, logo, veremos uma luz no final do túnel.

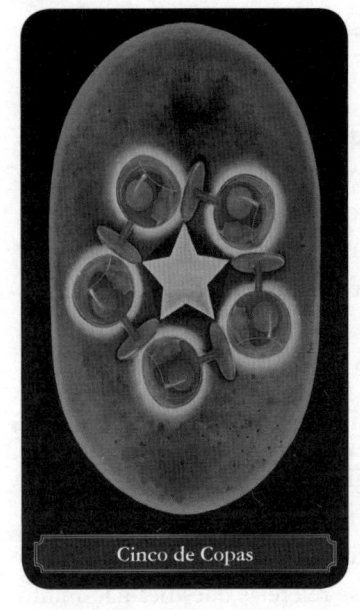

Cinco de Copas

O CINCO DE COPAS

Normalmente, o Cinco de Copas tem a ver com uma perda. Ele nos adverte dessa possibilidade, assim como das emoções e dos sentimentos que podem acompanhar essa perda. Entretanto, mesmo assim, essa carta tem um lado positivo, pois toda perda nos abre para novas possibilidades de crescimento, já que sempre se inicia uma mudança. Mais precisamente, nossa dor é causada pela resistência emocional que temos em relação às mudanças. Provavelmente, nossa mente aceita que devemos fluir, mas, quando esse fluxo nos separa do que amamos, nossos sentimentos se negam a permiti-lo de bom grado.

Nesse momento, é importante tratar de ver tudo o que está acontecendo sob uma luz positiva. Toda mudança precisa de uma destruição prévia do velho, seja no mundo dos relacionamentos, do trabalho ou das amizades. O velho tem que sair por uma porta para que o novo possa entrar.

O SEIS DE COPAS

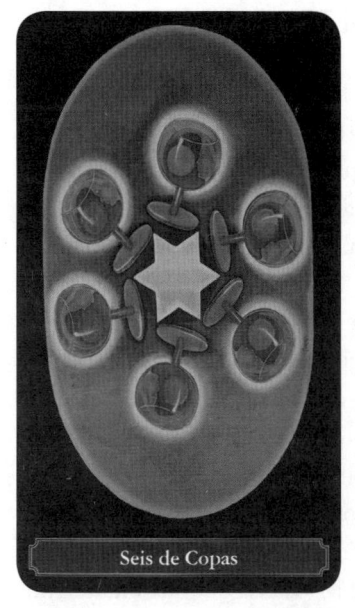

Seis de Copas

Essa carta costuma significar velhas lembranças que talvez nos tragam novas oportunidades. Lembranças da infância, de tempos passados que, possivelmente, foram felizes. Talvez algumas habilidades que antes eram utilizadas frequentemente, voltem a ressurgir. É possível nos deparar casualmente com uma pessoa que foi muito significativa no passado, seja no campo amoroso, familiar ou da amizade.

Pode também indicar a necessidade de voltar aos sonhos e aos desejos de infância, ou de utilizar velhas habilidades em nosso trabalho atual. Em resumo, algo ou alguém procedente do passado pode nos trazer uma inspiração nova e fresca neste momento.

O Seis de Copas costuma também estar associado às crianças, seja com a infância em geral, seja com nossa própria infância já distante ou com os filhos. Por extensão, pode indicar algum acontecimento ou alguma reunião familiar agradável.

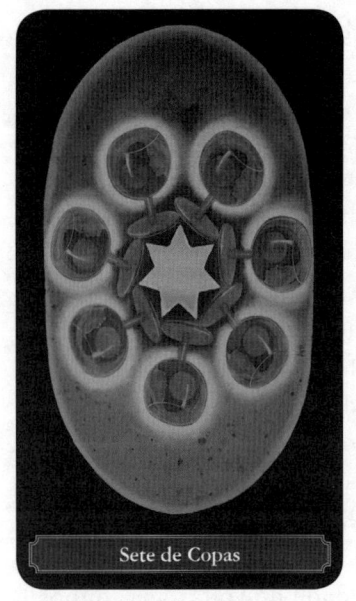

Sete de Copas

O SETE DE COPAS

O Sete de Copas destaca um ponto no qual a pessoa se sente bloqueada diante de uma decisão que deve tomar. As opções parecem inúmeras ou talvez bem parelhas para que seja mais fácil decidir por uma delas. Ao mesmo tempo, a imaginação e a fantasia combinam-se para dificultar ainda mais a decisão que deve ser tomada. Não se pode escolher todos os caminhos e uma pessoa não pode estar segura de qual é o caminho certo.

É possível que sua mente indique uma direção e seu coração outra. Porém, neste momento, sua visão não é suficientemente clara para realizar uma escolha responsável, por isso, é importante tomar o tempo necessário, reunir mais dados e ponderar consideravelmente os prós e os contras de cada escolha. Ao mesmo tempo, procure se afastar das fantasias e escute com sobriedade a voz de sua intuição.

O Sete de Copas pode ser um aviso para que não se perca entre os mistérios da imaginação e os castelos de areia. Para os artistas, pode ser um momento de grande criatividade, entretanto, no mundo dos negócios é necessário aterrissar o quanto antes no mundo concreto.

O OITO DE COPAS

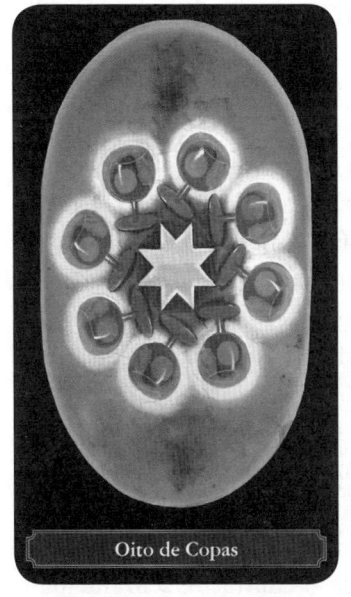

Oito de Copas

O Oito de Copas indica que a pessoa está a ponto de deixar para trás uma situação que já não é mais válida nem conveniente. Talvez por decepção, por desilusão ou simplesmente porque todas as coisas um dia chegam ao fim. Ao contrário do Cinco de Copas, que costuma indicar com frequência que alguém vai nos deixar, o Oito indica que somos nós, por vontade própria, que abandonamos uma relação já agonizante ou um trabalho insatisfatório.

Os ideais normalmente associados a essa carta são o abandono de um estilo de vida já existente e desgastado; a chegada de novos interesses a nossa vida; o deixar para trás o passado; cortar os laços emocionais de dependência; sair de casa; abandonar uma difícil relação familiar; a busca por novas amizades e, por vezes, de uma satisfação espiritual, especialmente nos casos em que o Oito de Copas aparece conectado ao Eremita.

Isso pode indicar que a pessoa deixe para trás as coisas do mundo para se dedicar por completo à busca da sabedoria e da elevação espiritual.

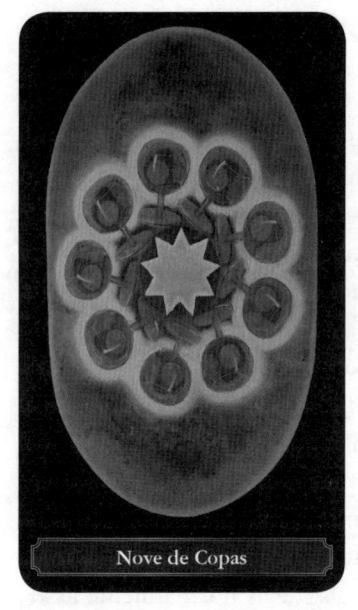

Nove de Copas

O NOVE DE COPAS

O Nove de Copas é a fada madrinha do tarô. Quando aparece, costuma indicar que nossos desejos vão se tornar realidade. Os problemas e as dificuldades já ficaram para trás e o que nos espera é simplesmente a satisfação, a felicidade, o gozo, o entusiasmo e a alegria por tudo o que conseguimos.

Por ser uma carta de Copas, costuma referir-se especialmente a assuntos emocionais. Se já temos um par anuncia um casamento próximo. Em caso contrário, sem dúvida a casualidade ou o destino nos trará a pessoa que sempre sonhamos ou que seja mais conveniente para o momento. Quando se trata de uma consulta sobre trabalho ou assuntos financeiros, o aparecimento do Nove de Copas é igualmente positivo. Talvez seja a resposta para um currículo enviado há meses ou quem sabe uma boa notícia chegue por um caminho totalmente inesperado, mas que com certeza virá.

Dentro de um plano mais físico, essa carta indica satisfação e prazer, contentamento com o que se tem e base sólida para o futuro. Indica também uma saúde excelente, mas quando se exalta de maneira errada e aponta para o excesso do prazer físico, pode acabar com alguma intoxicação ou doença qualquer.

O DEZ DE COPAS

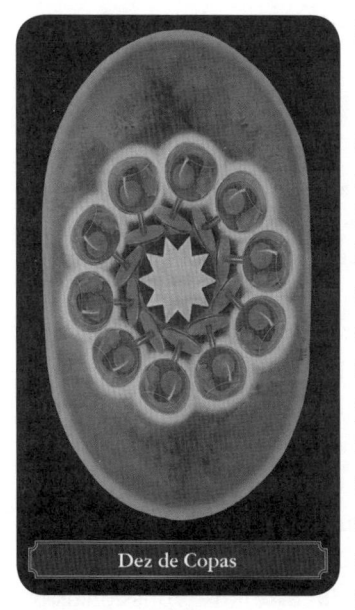

Dez de Copas

O Dez de Copas representa o contentamento e a felicidade nas relações pessoais, especialmente nas familiares. Quando aparece em uma leitura, essa carta costuma indicar uma época de bênçãos: todo o bem que merecemos chega até nós; é um indício de paz, harmonia e prosperidade em todos os níveis. Ela se refere a ciclos concluídos, a viagens terminadas e à vida bem vivida em companhia de outros. Há serenidade e a paz reina no ar, portanto, esqueça todos os problemas materiais do mundo ao seu redor. Neste momento, nada que seja material importa, apenas a felicidade à custa de muitas provas e muitos obstáculos ultrapassados. Esse êxito não é efêmero ou temporário, essa paz e harmonia são duradouras e podem ser desfrutadas na realidade. Não existem remorsos no passado, nem preocupações para o futuro, o que se pode viver é o momento e o dia presente.

A única precaução do Dez de Copas é não desperdiçar esses momentos preciosos. Não devemos dar por garantida essa felicidade, porque de uma maneira ou de outra ela pode nos escapar. Não permita que este momento se estagne, trate de conseguir um estado de desenvolvimento e rejuvenescimento constante. Não vá de encontro aos problemas, apenas sinta e desfrute daquilo que tem e lhe pertence.

O Dez é uma espécie de prova final das lições aprendidas por meio das outras cartas de Copas. Se não vivenciar uma lição, deve aprender e tentar outra vez.

Princesa de Copas

A PRINCESA DE COPAS

A Princesa de Copas costuma ser uma figura jovem – talvez uma criança –, emocional, amável, tranquila, compassiva e, às vezes, com qualidades artísticas, com grande imaginação e notável sensibilidade. Quando essa carta aparece, costuma indicar um novo despertar emocional ou espiritual, certo renascer, geralmente de assuntos emotivos. Pode também indicar o nascimento de uma criança, o início de uma relação ou o renascer de uma já existente.

Em assuntos profissionais ou financeiros, sua influência é também benéfica, incluindo sempre aspectos emocionais ou até espirituais. Às vezes, a Princesa de Copas nos mostra um lado que precisamos manifestar, seu aparecimento nos recorda que nunca devemos deixar de escutar a voz da intuição e de acreditar em nossos sonhos. Se deixarmos de sonhar, nossos sonhos jamais se tornarão realidade porque não existirão. Frequentemente, nos momentos mais obscuros, esses sonhos podem proporcionar um fio de esperança, por meio dos quais a Princesa de Copas se manifesta em nossas vidas repleta de amor, poesia, compaixão e sensibilidade artística.

Invertida

Pode representar uma criança malcriada ou um adulto com problemas com drogas ou álcool. Alguém que vive o tempo todo nas nuvens, uma pessoa irresponsável e caprichosa, com falta de disciplina. Da mesma forma, pode indicar preocupação com a educação e o bem-estar dos próprios filhos.

Príncipe de Copas

O PRÍNCIPE DE COPAS

Romance, talento artístico, novas experiências, sedução, imaginação, novas propostas e oportunidades, amabilidade, empatia, narcisismo, viagens e atividades prazerosas são alguns dos conceitos sugeridos pelo Príncipe de Copas. Seu encanto é ao mesmo tempo seu maior pertence e sua melhor arma. Com ele vence seus adversários, ganha adeptos em sua forma de pensar, vive a vida com graça e elegância notável. É um príncipe focado nas emoções e na criatividade que flui, e costuma ser gentil, amável e comunicativo.

Quando aparece em uma leitura, costuma indicar que um novo tipo de experiência está chegando à vida, estimulando o espírito. Essa experiência trará à tona a compaixão e mudará crenças até onde seja possível. Pode indicar um inesperado interesse sobre nós por parte do sexo oposto, além de flertes e romance. Pode prever também uma viagem com o ser querido ou, em caso de estar sozinha, uma nova relação sentimental.

Invertida

Falta de realismo; medo dos compromissos; fantasia excessiva; enganações; meias verdades; manipulação. É conveniente ler bem as letras pequenas e ser aconselhado por alguém de nossa inteira confiança antes de assinar qualquer documento, pois existem sérios riscos de sermos enganados.

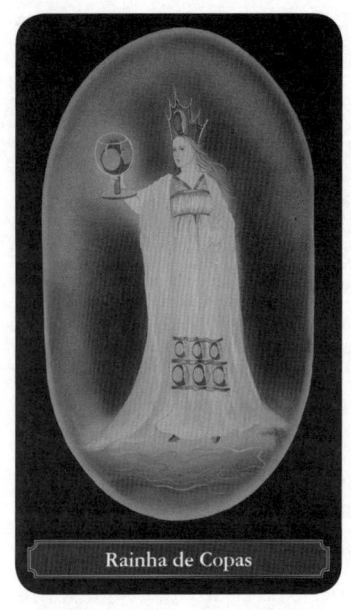

Rainha de Copas

A RAINHA DE COPAS

É o protótipo da mãe amorosa, com grande coração, amante das crianças e dos animais, intuitiva e inclinada para o misticismo. Geralmente, costuma apresentar-se como nossa mãe ou uma pessoa com as características mencionadas. É uma imagem de pureza extrema e extraordinária beleza. Costuma estar relacionada aos signos de Escorpião, Câncer ou Peixes. Encarna ao máximo as qualidades do elemento Água: a intuição e o mundo das emoções. Quando aparece em uma tiragem, não se refere a uma pessoa em especial, costuma indicar a necessidade de olharmos para o nosso interior em busca de orientação, a conveniência de seguir a voz da intuição. Da mesma forma, indica-nos que os sonhos podem ser uma fonte de informação muito valiosa.

Invertida

Vaidade, credibilidade excessiva, pouca capacidade de julgar, exagero, superficialidade, autoengano, idiotice, confusão e indecisão. Talvez devamos ser mais cuidadosos, pois há perigo de que as emoções estejam incapacitando nosso juízo. É possível que estejam tramando algo contra nós, por isso é importante não assinar nem se comprometer com nada sem antes considerar todos os aspectos do assunto. Da mesma forma, pode ser um aviso de que estamos entrando numa relação de codependência, da qual estamos nos sacrificando para receber muito pouco ou nada em troca. Quando se refere às pessoas em geral, a Rainha de Copas invertida pode representar uma parceira infiel, uma mulher histérica e excessivamente emocional, cujas atitudes mudam como muda o vento, ou então, em outros casos, refere-se às pessoas que se sacrificam desnecessariamente pelos demais.

O REI DE COPAS

Rei de Copas

O Rei de Copas é uma figura paternal, extremamente consciente de suas obrigações e de seu poder, mas, ao mesmo tempo, é romântico, compassivo, intuitivo e dedicado à família. Representa alguém de grande inteligência e experiência, capaz de dar conselhos justos a qualquer momento. Equilibrado e eficiente, mas sempre dependente de sua intuição e das mensagens recebidas nos sonhos. É economicamente independente e, apesar de não trabalhar para ganhar dinheiro, faz algo simplesmente para poder desfrutar. Sente-se mais cômodo escutando os outros do que falando de si mesmo. Nunca julga nem culpa o próximo pelos erros que cometeram; é sempre um conselheiro compassivo. Por isso, os outros sempre se reúnem ao seu redor para escutar o que tem a dizer, pois sua sabedoria fala direto ao coração. É um diplomático natural, um romântico ao extremo e um companheiro estimulante, seja numa conversa, na amizade ou na relação sexual. Quando o Rei de Copas aparece em uma tiragem, pode referir-se ao próprio pai ou a uma figura de características paternais. Talvez alguém com autoridade e, ao mesmo tempo, compassivo e amável. Pode ser um médico, um trabalhador social, uma autoridade eclesiástica ou judicial, ou simplesmente alguém que, ainda carecendo de status reconhecido, possa ter um notável prestígio e um bom coração.

Invertida

Maus conselhos; falta de sinceridade; engano ou autoengano; fraude; comportamento neurótico; manipulação; personalidade narcisista e manipuladora. Homem sem escrúpulos, que só pensa em si mesmo e brinca com as emoções dos outros em benefício próprio.

O ÁS DE OUROS

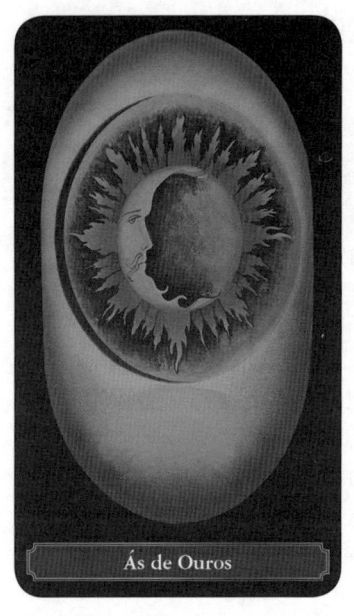

Ás de Ouros

O Ás de Ouros tem a ver com a merecida retribuição do trabalho realizado. Portanto, indica um início bem promissor a tudo que está relacionado à economia e ao mundo dos negócios e das finanças. Costuma indicar conquistas materiais, prosperidade, êxito e *status* social. Igualmente, está relacionado à saúde corporal, com a dieta e a nutrição adequadas. Quando aparece em uma tiragem, o Ás de Ouros costuma indicar o início de um negócio ou de uma empresa. O momento para esse começo é ótimo. Com o trabalho adequado, sem dúvida será uma empresa proveitosa. Pode indicar ainda uma mudança de trabalho positiva ou uma promoção. Essa carta representa também o solo fértil que pode ser cultivado e, a partir daí, surgir ideias que cresçam e amadureçam. Esse será um desenvolvimento lento, já que o Ouros nunca anda a passos rápidos, porém, o êxito da conquista é quase seguro. A única advertência é que o Ouros exige uma perspectiva realista. Se quiser ter sucesso, comece agora, não é tempo de sonhar e fantasiar quando há trabalho para fazer. Esqueça os sonhos e fantasias porque o trabalho é o único que pode trazer resultados quando o Ás de Ouros está presente. Mantenha os pés no chão com firmeza e permita que seu senso comum o leve ao sucesso.

Invertida

Geralmente, costuma indicar cobiça e suas consequências; perdas econômicas por realizar operações equivocadas ou especulativas. Nos casos mais extremos, pode indicar desfalques ou grandes decepções financeiras.

O DOIS DE OUROS

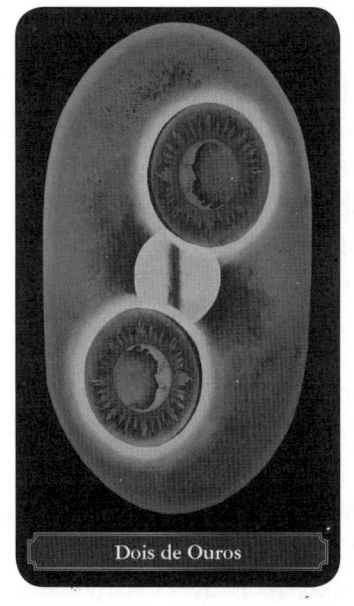

Dois de Ouros

A principal ideia do Dois de Ouros é o equilíbrio entre duas ou mais forças. Pode indicar o fato de ter que atender, ao mesmo tempo, duas obrigações ou dois trabalhos diferentes.

Costuma indicar também uma situação financeira instável. Se, aparentemente, é boa para a atualidade, logo pode piorar; quando é má, é muito provável que melhore. Mas, em geral, essa carta indica preocupações monetárias.

Talvez até precise pedir emprestado a um amigo para poder pagar o outro. É bem provável que uma mudança de trabalho ou de local de residência possa melhorar a situação. Neste momento, a adaptação às circunstâncias é a qualidade mais importante. Felizmente, as possíveis preocupações assinaladas pelo Dois de Ouros nunca são duradoras. Não está mais do que certo o que diz este provérbio: "Não há mal que dure cem anos.".

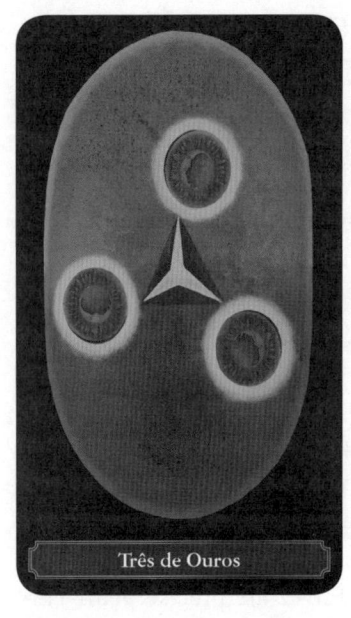

Três de Ouros

O TRÊS DE OUROS

O Três de Ouros indica uma conquista no trabalho, uma satisfação, retribuição ou o reconhecimento público por um trabalho terminado e benfeito. Essa carta pode também estar relacionada a uma melhoria nas condições de trabalho, uma oferta, uma promoção ou mudança de cargo significativa, mas sempre com um aumento salarial ou de categoria.

Pode também indicar uma graduação, a obtenção de um título que determina o final do estudo, qualificando para exercer determinada profissão. Quando aparece em uma tiragem, costuma indicar que a pessoa chegou à consolidação de suas habilidades profissionais.

Pode também indicar reformas para renovar a casa própria ou, então, melhorar a saúde corporal.

Em assuntos financeiros, indica a chegada de um dinheiro que nos deviam, mas normalmente com juros acumulados ou ganhos adicionais dos quais não se estava contando.

O QUATRO DE OUROS

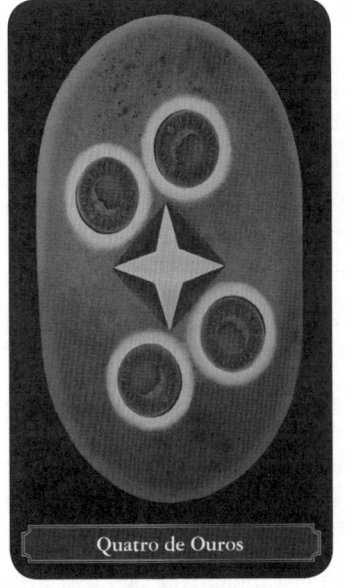

Quatro de Ouros

O Quatro de Ouros representa a segurança financeira e a possibilidade de aumentar posses, mas também é um aviso diante da possível avareza e dos riscos de colocar o dinheiro acima de tudo na vida. Indica também, com certo rigor, o medo de perder aquilo que com tanto esforço e trabalho foi conquistado.

Denota bom sentido para os negócios e disposição para o trabalho intenso, a fim de conquistar benefícios materiais.

Se a consulta for sobre dinheiro, essa carta confirma certa segurança e solidez financeira. Quando se trata de assuntos sentimentais, há perigo de que os interesses materiais interfiram nas relações e no crescimento emocional da pessoa.

Quando o Quatro de Ouros refere-se a pessoas em geral, muitas vezes são banqueiros, funcionários de instituições financeiras ou pessoas ricas e conservadoras.

O CINCO DE OUROS

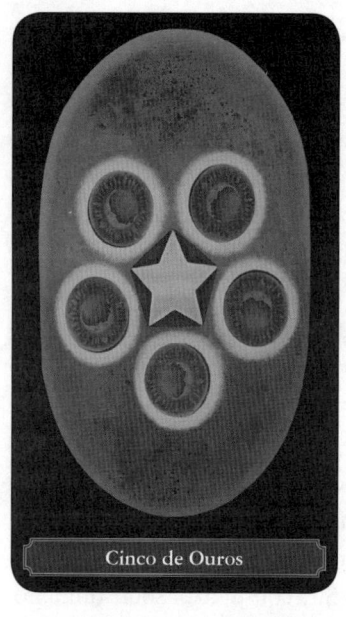

Cinco de Ouros

O Cinco de Ouros costuma ser a personalização das más notícias no campo econômico. Geralmente, indica tempos difíceis, insegurança, crise, desemprego e abandono de quem poderia ajudar. Talvez uma grave doença esteja entre as causas da presente dificuldade.

Essa carta pode estar relacionada a uma situação de trabalho independente ou a um recente negócio que tem muitas possibilidades de terminar em ruína financeira. A mente da pessoa fica totalmente ocupada pelo tema monetário e possivelmente esteja descuidando da saúde.

O conselho que nos dá o Cinco de Ouros é deixar de pensar no passado e viver plenamente o momento presente. Ao mesmo tempo, fazer um reajuste de todas as habilidades e faculdades, determinando uma meta positiva a cumprir. Não é bom se deixar levar pelo pânico nem precipitar ou declarar falência. Da mesma forma que outras situações da vida, essa também passará e possivelmente muito antes do que se imagina.

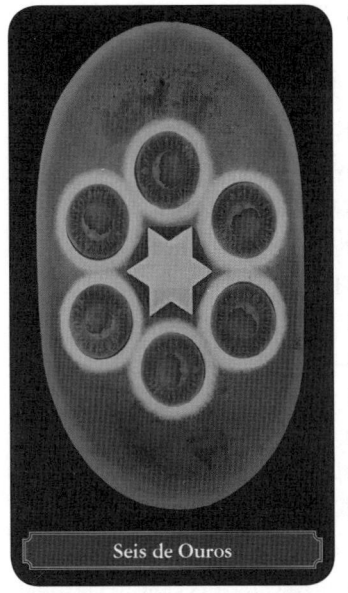

Seis de Ouros

O SEIS DE OUROS

Esse arcano costuma indicar que, de uma maneira ou de outra, a vida nos dá aquilo de que necessitamos. Talvez não ganhemos na loteria, mas, quem sabe, recebamos um aumento de salário? No entanto, nem sempre se trata exatamente de uma melhora econômica – pode ser o reconhecimento de um trabalho realizado, uma menção honrosa ou um prêmio –, de qualquer forma, o resultado é sempre positivo.

Talvez se trate da devolução de um dinheiro emprestado, um pagamento de dívida, um prêmio inesperado, uma oferta de trabalho ou promoção. E ao contrário, pode também indicar que seja você que tenha que ajudar alguém que esteja passando por um momento de dificuldade. Pode ser um amigo que lhe pede dinheiro emprestado ou alguém que precise de uma mão sua para encontrar um trabalho. Seja como for, a tônica dessa carta é sempre positiva, geralmente envolve generosidade e o fato de compartilhar bens e favores com outra pessoa.

Se a situação financeira encontra-se difícil, é um bom indício de que as coisas vão melhorar de modo inesperado. De momento, o que parecia impossível se torna realidade. Se o consulente vive na abundância, o mais provável é que ele tenha a oportunidade de realizar um bom trabalho e ajudar quem muito necessita.

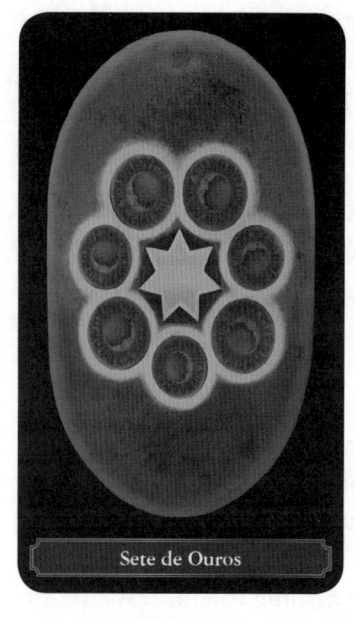

Sete de Ouros

O SETE DE OUROS

Essa carta pode indicar a reavaliação de um assunto ou projeto trabalhado durante algum tempo. Agora é o momento de esperar, uma vez que os resultados vão chegar, mas no seu devido tempo.

É um período de tranquilidade, portanto, a paciência é necessária e um ingrediente imprescindível para o sucesso, da mesma forma que o trabalho e as habilidades/capacidades do indivíduo são importantes no momento de produzir. Em caso de a carta aparecer, é necessário eliminar todo o pensamento de fracasso, assim como de perder tempo com o desnecessário. Todos os seus esforços terão a merecida retribuição e recompensa.

O Sete de Ouros indica também a necessidade de considerar e avaliar o progresso conquistado até agora, a fim de descobrir o que precisa para alcançar a meta determinada.

Resumindo, trata-se de um momento de tranquilidade, que deve ser aproveitado para fazer uma autoavaliação, enquanto as forças da natureza trabalham ocultamente para terminar algo que foi iniciado anteriormente e trabalhado muito.

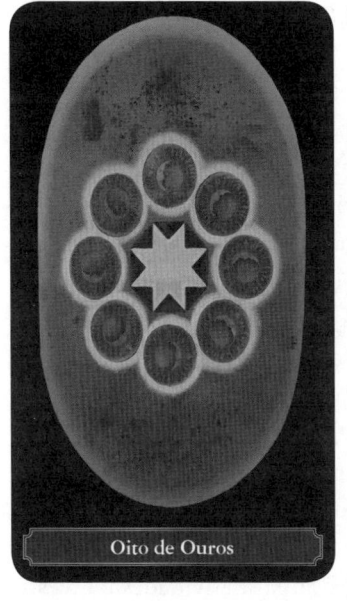

Oito de Ouros

O OITO DE OUROS

Essa carta costuma ser interpretada como um conselho para a pessoa capacitar-se em sua profissão (de forma contínua) ou em uma nova profissão cuja possibilidade talvez já tenha aparecido. Essa mudança é bem favorável, embora seja necessário colocar todo o empenho e esforço para alcançar a excelência que se deseja nesse novo ofício. Cursos, seminários e todo tipo de aprendizagem é o mais adequado no momento. O maravilhoso é que esse trabalho, por ser feito com amor, não será de forma alguma tedioso ou chato, mas sim algo realmente prazeroso.

Talvez um *hobby* ou um talento artístico torne-se um novo meio de vida ou, quem sabe, uma oferta ou promoção qualquer leve a pessoa a uma nova área que até agora não tenha experimentado, mas que se encontra repleta de possibilidades. O sucesso chegará por meio da aplicação e do estudo. Assim, o que se pode alcançar é um trabalho satisfatório e a merecida segurança financeira.

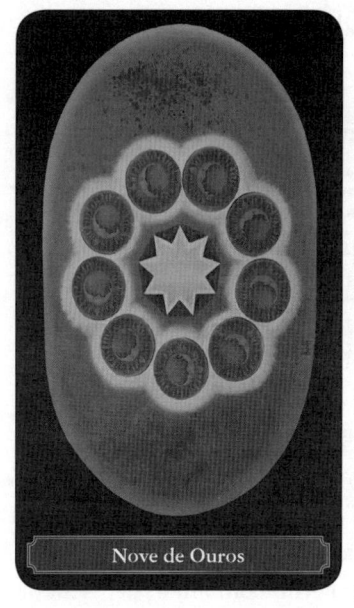

Nove de Ouros

O NOVE DE OUROS

Quando aparece o Nove de Ouros, geralmente indica que a pessoa tem alcançado certa situação de comodidade e segurança financeira. É uma pessoa capaz de resolver seus problemas de maneira adequada e eficaz. Todos os seus trabalhos, esforços e sacrifícios realizados no passado finalmente chegaram ao resultado esperado, permitindo desfrutar de uma situação mais cômoda e de um lar agradável.

É uma carta especialmente favorável para atividades e investimentos imobiliários, ou seja, qualquer negócio que se empreenda nesse campo será produtivo.

O lado negativo do Nove de Ouros é que, muitas vezes, transmite a sensação de solidão e insatisfação. O indivíduo que consegue uma situação econômica estável descobre certo vazio em seu interior, passa a perceber que o dinheiro não é tudo. Tem o reconhecimento e a admiração dos outros, mas sabe que isso é o que menos importa no momento; o importante é estar bem consigo mesmo e sentir-se bem.

É um bom momento para a meditação e para ampliar a consciência do nosso caminho e da nossa missão nesta vida.

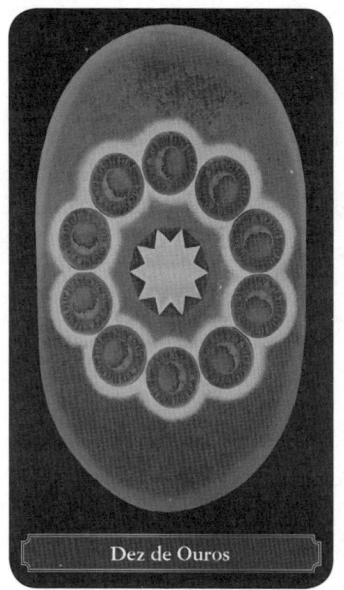

Dez de Ouros

O DEZ DE OUROS

Essa carta costuma indicar prosperidade econômica e situação familiar feliz. Pode prever uma compra ou um investimento positivo – talvez imobiliário – ou uma mudança repentina na situação financeira, mas sempre na direção da prosperidade. Talvez seja possível receber alguma herança ou o resgate de alguma aplicação realizada e acumulada há anos. Um familiar afortunado pode oferecer o gerenciamento de algum dos seus bens ou simplesmente receber um bom aumento de salário. Como consequência dessa segurança e tranquilidade econômica, a vida familiar também floresce.

O Dez de Ouros pode, inclusive, indicar algum acontecimento feliz nessa área, como um casamento, um nascimento, entre outros. Também pode acontecer uma mudança importante na própria vida, como um casamento, sempre dentro do tradicional e dos bons costumes, sem violar as normas familiares estabelecidas. Por fim, pode indicar um casamento arranjado, com base nos interesses financeiros de cada um, sem amor entre as partes.

Princesa de Ouros

A PRINCESA DE OUROS

A Princesa de Ouros é uma jovem (ou um jovem) admirável tanto pelo seu entusiasmo e jovialidade capazes de contagiar a todos que estão ao seu lado, como por seu interesse sincero pelo trabalho e estudos. Apesar da pouca idade, é extraordinariamente responsável e sabe administrar com eficiência todos os seus negócios, especialmente os relacionados ao dinheiro. É paciente, realista, comedida e amável. Tem a mente aberta, assim como é cuidadosa, metódica e detalhista com o trabalho.

Quando essa carta aparece, pode indicar o recebimento de alguma mensagem favorável, contendo boas notícias relacionadas à área financeira. Também pode destacar o desejo de aprender e as oportunidades de realizar determinados estudos ou de terminar a graduação. Talvez antecipe algo que tenha a ver com documentos escritos, contratos, livros ou acordos. No caso dos contratos, deve-se ler cuidadosamente as letras pequenas. É importante ter cautela e atenção com qualquer comunicação escrita que surja. Quando representa um personagem, a Princesa de Ouros é sempre uma pessoa jovem, às vezes adolescente, tranquila, reflexiva e consciente, talvez introvertida, que valoriza as coisas boas da vida e está sempre disposta a aprender.

Invertida

Pessoa jovem, rebelde, sem senso comum, extravagante, superficial e egoísta, pouco cuidadosa com o dinheiro. Pode indicar também uma despesa inesperada, más notícias. Atraso de processos, problemas de dinheiro, dificuldades com um contrato ou acordo escrito. Desperdício; burocracia; escolha errada no campo dos estudos.

O PRÍNCIPE DE OUROS

Príncipe de Ouros

O Príncipe ou Cavaleiro de Ouros representa uma pessoa responsável, trabalhadora e digna de confiança. Costuma trabalhar em segundo plano, preparando tudo para a ação do próximo ser proveitoso. Seus interesses primordiais estão voltados para a praticidade, isso significa que pode ser um bom administrador das fortunas e finanças alheias.

Quando aparece em uma tiragem, costuma indicar a chegada de dinheiro. Pode ser pela venda de uma propriedade ou pelos juros de algum investimento anterior; às vezes, pelo pagamento de uma dívida já esquecida. Pode também indicar uma viagem por questão de negócios ou trabalho.

Quando a consulta é sobre tema sentimental, sem dúvida o Príncipe de Ouros destaca a presença de um jovem de boa posição econômica, trabalhador sério e responsável.

Invertida

Investimentos ruins; perda de dinheiro. Avareza. Falta de inspiração, indolência e aborrecimento. Pode indicar também uma pessoa que não se dedica a negócios bem esclarecidos, talvez uma pessoa que não trabalha e vive à custa dos outros. Alguém que pode nos induzir a contrair dívidas ou uma pessoa excessivamente avarenta e mesquinha.

Rainha de Ouros

A RAINHA DE OUROS

Os conceitos associados a esse arcano são originalidade, fertilidade, prosperidade, amor à natureza, sensualidade, abundância, hospitalidade, criatividade, eficiência, maturidade emocional e boa administração, tanto no lar como nos negócios.

Quando representa uma pessoa física, a Rainha de Ouros é uma mulher maternal e prática, com muitas das características mencionada, capaz de dar conta perfeitamente de sua casa e, ao mesmo tempo, da sua profissão ou dos negócios; e não seria estranho se tivesse envolvimento com as artes. É uma pessoa bem prática e sensual, que desfruta das coisas boas da vida, do que está ao seu redor, e das que têm alcançado por trabalhar muito. Possivelmente, também goste de mostrar suas conquistas ou riquezas, mesmo sem ostentar. Geralmente, esta é uma carta que indica êxito nos negócios e em todos os assuntos materiais, mas que também indica fertilidade ou gravidez.

Invertida

Pode indicar uma mulher esbanjadora, mesquinha ou irresponsável, com pouca ou nenhuma capacidade de administrar-se. Pode apresentar abandono pelo seu corpo e pelo cuidado pessoal, além da possibilidade de buscar a criação de problemas. Da mesma forma, pode representar uma mulher que ostenta muito seus bens, sem reparar que essa atitude pode ser ofensiva para quem está passando por dificuldades. Pode também indicar o mau início de um negócio, por negligência na administração, que, seguramente, traz intranquilidade e desinteresse por parte dos funcionários.

Rei de Ouros

O REI DE OUROS

O Rei de Ouros é a personificação do êxito no aspecto terreno e material. Pode ser o presidente ou o dono de uma empresa, um proprietário de imóveis, um banqueiro, um advogado de sucesso ou um escritor ou pintor, mas sempre com grande êxito financeiro. É alguém muito seguro de si e de sua posição na sociedade. Determina metas que pode cumprir, corre riscos calculados e trabalha muito para alcançar esses objetivos. É uma pessoa muito prática, mas também generosa, gosta de ajudar os outros e proteger aqueles que estão sob sua influência.

Quando essa carta aparece em uma tiragem, é sempre um bom prenúncio para qualquer negócio que se pense empreender ou para qualquer transação importante que possa ocorrer, especialmente de tipo imobiliário. O Rei de Ouros destaca sempre o sucesso financeiro, a prosperidade e a segurança material.

Invertida

Falta de senso comum e de habilidade para os negócios; materialismo implacável; avareza; preocupação excessiva com o dinheiro ao ponto de colocá-lo em primeiro lugar em tudo o que faz. Paranoia. Desorganização. As coisas mais valiosas não podem ser compradas com dinheiro. Pode representar uma pessoa empobrecida ou, ao contrário, alguém mesquinho, materialista e interesseiro ao extremo.

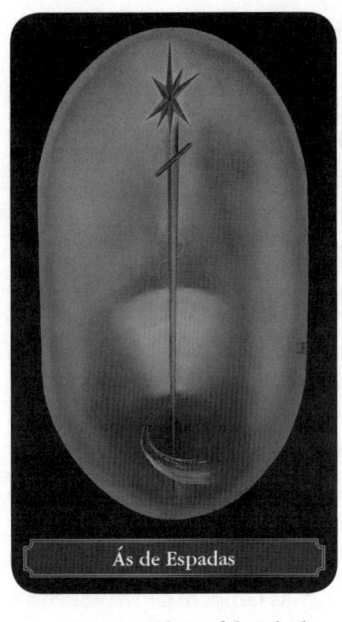

Ás de Espadas

O ÁS DE ESPADAS

O Ás de Espadas simboliza possibilidades e oportunidades na área da inteligência, da razão, da justiça, da verdade e da fortaleza. É uma carta que leva implícita grande energia, muito entusiasmo e otimismo. É um sinal de que se pode proceder seguindo o impulso que tem despertado seu interesse.

É a carta que costuma aparecer sempre no início de uma empresa de tipo intelectual. Às vezes, representa também um desafio, um obstáculo que será necessário vencer.

Nesta vida, a felicidade e a calma não costumam durar muito, antes ou depois surgem os problemas e o Ás de Espadas pode indicar que algo disso está no caminho. Mas seu conselho é enfrentar o desafio com valor, honestidade e resolução. Seja qual for o problema, deve ser observado com objetividade e honestidade. Dessa forma, a energia limpa do Ás de Espadas poderá atuar a seu favor, assim que possuir suficientes recursos para sair vitorioso de tal situação. Essa é a promessa do Ás de Espadas.

Invertida

Ameaças e pressão excessiva. Não é o momento de pressionar muito para conseguir aquilo que deseja. Sarcasmo, lentidão, obstáculos, pensamentos confusos. Problemas com as autoridades.

O DOIS DE ESPADAS

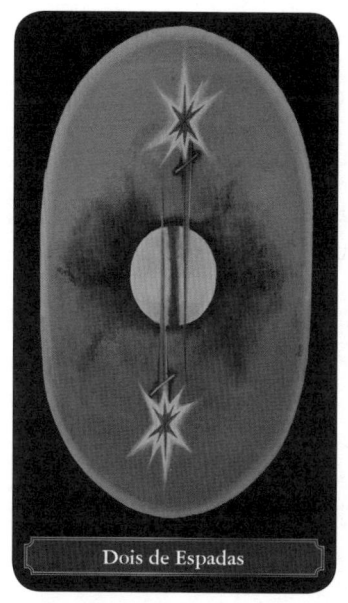

Dois de Espadas

Há um momento na vida em que uma pessoa chega a uma encruzilhada e realmente não sabe que caminho deve seguir. Atrasa uma decisão porque existe algo, no presente, do qual se nega a enfrentar. É possível permanecer assim durante um tempo, mas terá de tomar uma posição para acabar com a indecisão e seguir em frente.

Ignorar um problema nunca será a solução. É melhor encará-lo, pois, dessa maneira haverá grandes possibilidades de sair tudo bem. Porém, deve agir com decisão e honestidade. A rapidez e uma clareza maior de todas as circunstâncias, que antes pareciam um problema, finalmente, podem tornar-se uma vantagem.

Quando esse arcano aparece em uma tiragem, pode indicar que a pessoa está no meio de uma negociação que parecia parada, sem que nenhuma das possíveis ações a tomar pareça satisfatória. Neste caso, pode ser importante buscar um mediador para dialogar entre as duas posições encontradas.

Outras vezes, essa carta pode indicar simplesmente uma demora, por exemplo, diante da espera do resultado de uma entrevista de trabalho, de uma prova na escola, de um exame médico etc. Nesses casos, o conselho do Dois de Espadas é: paciência.

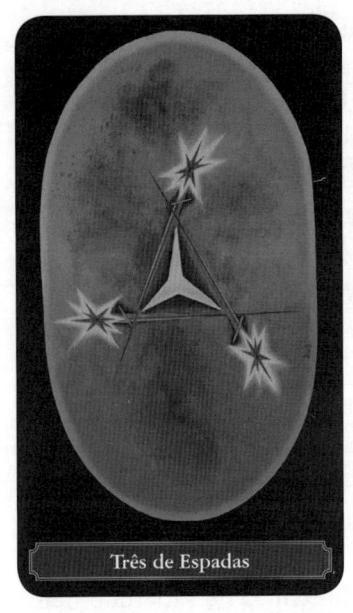

Três de Espadas

O TRÊS DE ESPADAS

O Três de Espadas costuma indicar tempos tormentosos, especialmente no que se refere às emoções. Perdas, desilusões, dor emocional, amores perdidos, corações partidos, brigas, conflitos, lamentações, operações cirúrgicas, duelo, choro, abortos ou funerais. Pode ser também um aviso de separação dos seres queridos. Mesmo assim, é importante perceber a perspectiva da nossa dor. Talvez esse amor perdido não nos traga realmente mais nada de positivo.

O Três de Espadas costuma detectar fatos dolorosos, porém necessários. A vida segue. E é importante tratar de não se machucar ou preocupar os seres queridos simplesmente porque nos sentimos mal internamente.

Por vezes, essa carta pode indicar também a perda de um ente querido, especialmente quando se encontra ao lado de outra que traz esse mesmo significado; por exemplo, a Torre. E em outras ocasiões indica a necessidade de realizar uma operação cirúrgica ou um procedimento dental de importância.

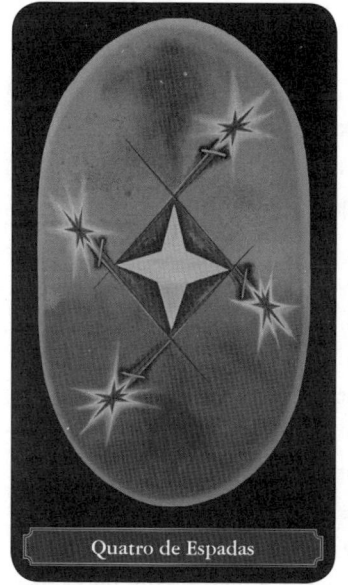

Quatro de Espadas

O QUATRO DE ESPADAS

Depois da tormenta sempre vem a bonança. O Quatro de Espadas indica a necessidade de um descanso, de um tempo para relaxar, de um período de atividades mais tranquilas e talvez de recuperação. Pode ser o restabelecimento de uma doença ou de cirurgia; umas férias bem merecidas; um tempo de retiro, de solidão ou de meditação e oração. Um certo distanciamento da rotina diária ajuda a ver as coisas sob uma perspectiva diferente e com maior clareza.

Às vezes, essa carta indica um período de internação num hospital, tanto como paciente como visitante ou acompanhante. Já nos casos mais extremos, pode indicar a prisão.

De qualquer modo, o Quatro de Espadas determina sempre um afastamento de nossas atividades diárias, de um tempo de inatividade e, por vezes, de reclusão.

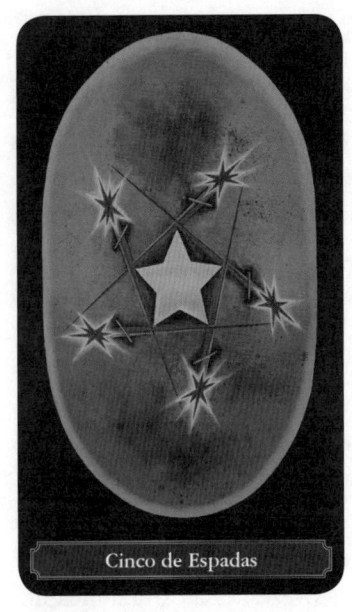

Cinco de Espadas

O CINCO DE ESPADAS

Após a tranquilidade (às vezes forçada) do Quatro de Espadas, estamos outra vez em meio aos problemas e confrontos.

O Cinco de Espadas costuma indicar humilhação, passar por ridículo, amor próprio e orgulho ferido, traição e derrota. Mas pode também tratar de uma vitória sem sentido, vazia, aquela que descobrimos que era melhor perder.

Isso quer dizer que talvez seja uma vitória alcançada de forma desonesta, atuando com egoísmo e manipulando o próximo. Seja como for, o conselho que essa carta nos dá é esquecer esse falso orgulho e admitir as limitações.

É possível que o ego impeça de aceitar que se foi além das possibilidades, que se comeu mais do que o necessário. E o pior de tudo é que certamente se coloca a culpa de todos os erros nos outros. A pessoa fica tão abismada com o desejo de vencer que não se conscientiza das consequências dos seus atos. E finalmente, uma vez conquistada a vitória, percebe que todo esse esforço e tudo o que fez não valeu a pena. Pode referir-se tanto ao consulente como alguém próximo a ele.

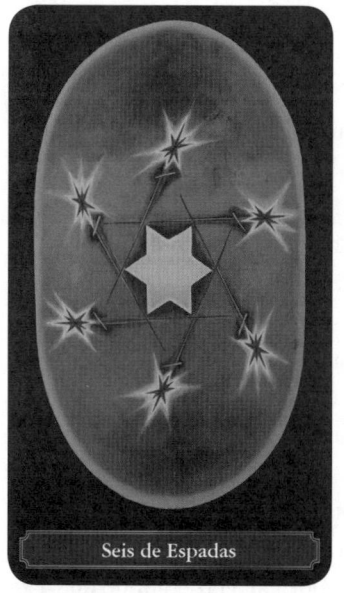

Seis de Espadas

O SEIS DE ESPADAS

Essa carta indica uma mudança positiva: que a pessoa está saindo dos problemas. A situação ainda não é boa, mas, pelo menos, as grandes tensões e o desespero ficaram para trás. Possivelmente indique também uma viagem, que pode ser interior. De qualquer forma é um momento apropriado para viajar, para recapitular e meditar sobre as experiências vividas recentemente, assim como para recuperar e curar feridas.

No mundo profissional, é possível que se tenha que deixar um campo bem conhecido para dedicar-se a algo novo e diferente. Isso sempre gera tensões. A carta também revela a intenção de permanecer um tempo a mais com a família e os amigos, mas, infelizmente, não é bem assim que funciona na vida. Deve-se deixar o passado de lado. No entanto, se esse for o seu caso, não deve se sentir no desamparo. Nesse período de transição, a ajuda lhe chegará de pessoas e lugares inesperados.

A mensagem do Seis de Espadas é colocar uma distância entre nós e as dificuldades passadas. Deve-se deixar claro que, neste momento, esse é o caminho.

O SETE DE ESPADAS

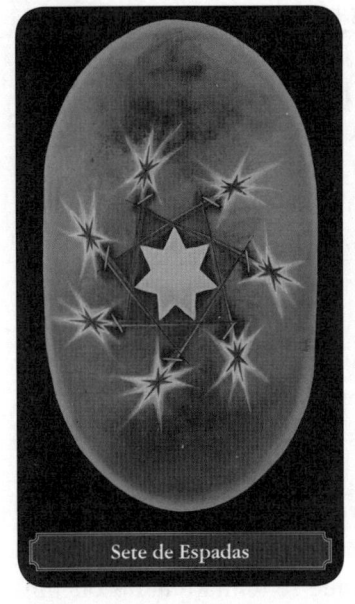

Sete de Espadas

A pessoa se sente enganada ou inconformada e incomodada por algo que fez. Isso faz crescer em seu interior um desejo de sair correndo, de isolar-se, abandonar tudo e todos. Mas isso não costuma ser o mais apropriado. É melhor utilizar a inteligência e a diplomacia para contornar as dificuldades e as tensões atuais. Mesmo assim, é sempre importante não deixar que os outros se aproveitem da situação, de abusar da nossa boa vontade ou de nos obrigar a fazer aquilo que não queremos. Nas mesmas circunstâncias, fazer algo inesperado pode dar bons resultados.

Às vezes, especialmente quando vem acompanhada de outra carta que indica falsidade, o Sete de Espadas pode referir-se a um roubo verdadeiro, porém esse dano é causado mais por palavras. Quando essa carta representa uma pessoa, ela costuma ser engenhosa e esperta; alguém que gosta de atuar às escondidas e, dependendo das cartas que vêm acompanhadas, uma pessoa que age com falsidade ou até mesmo um ladrão.

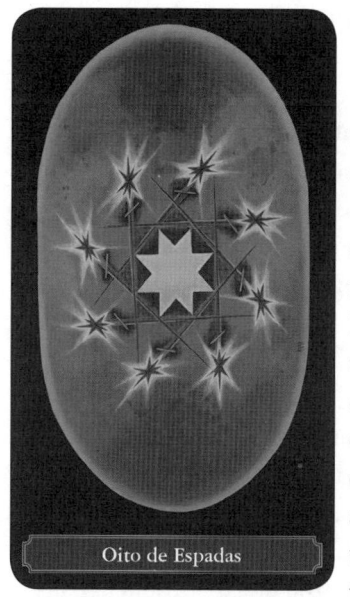

Oito de Espadas

O OITO DE ESPADAS

O Oito de Espadas indica limitação, bloqueio, restrição, falta de confiança em si mesmo, ansiedade, submissão, repressão pelas circunstâncias, impossibilidade de mudar, falta de direção e vitimismo. É verdade que, às vezes, nos sentimos pressionados e atados pelas circunstâncias da vida. Acordamos de manhã e parece que estamos em uma situação sem saída. Talvez seja a questão de muitas dívidas, de uma relação problemática ou de um trabalho impossível.

Em certas ocasiões, inclusive os pequenos problemas podem fazer com que nos sintamos presos, sem haver uma saída. Essa carta costuma indicar que a pessoa se encontra em uma situação de falta de liberdade e sem possibilidades de escolhas. Essas situações são perigosas porque, quanto mais são introduzidas, mais escuras se tornam e as possíveis saídas parecem estreitar-se cada vez mais até desaparecer. Nesses casos, é bom recordar que sempre há opções e somos nós mesmos que devemos tomar a decisão mais adequada. É necessário buscar a clareza mental, mais precisamente representada pelas espadas, para sair dessa situação, pois sempre há uma saída.

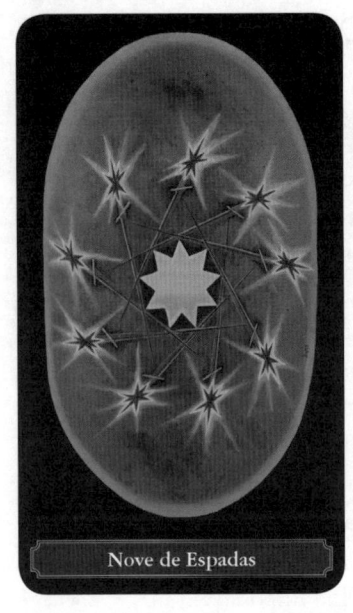

Nove de Espadas

O NOVE DE ESPADAS

Preocupação e angústia é o significado mais comum do Nove de Espadas. É uma angústia que pode impedir de dormir à noite, pois a pessoa está convencida de que não há uma saída para seu problema e que, de qualquer forma, apenas se agravará cada vez mais.

É possível que seja o comportamento de outra pessoa a causadora dessa dor, talvez a preocupação por causa de algum medo ou ainda pela sensação de culpa de algo que já fez ou deixou de fazer. A intensa ansiedade e a sensação de desastre são quase insuportáveis. Entretanto, mesmo o Nove de Espadas sendo uma carta que nunca traz boas notícias, há muitas possibilidades de que a situação não seja realmente tão grave assim.

Nos casos mais delicados, o melhor é buscar conselho de alguém de nossa inteira confiança, ou então participar de algum curso ou seminário que ensine técnicas para reduzir o estresse e a ansiedade.

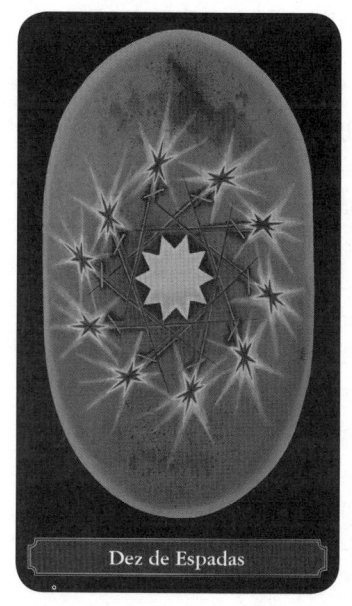

Dez de Espadas

O DEZ DE ESPADAS

Essa carta representa o final de um ciclo dramático e angustioso. É uma causa perdida e sua conclusão nos permite seguir de novo com a vida normal. Ao final, a pessoa aceita o inevitável e sente-se libertada de um peso.

Normalmente, o final indicado pelo Dez de Espadas não costuma ser a morte física, mas sim uma ruptura, uma separação definitiva ou a perda de um trabalho. O conselho desse arcano é: seguir com a vida normal. O mundo não acabou. É um aviso para não cair na autocompaixão e fazer-se de vítima. Embora, em certas ocasiões, o Dez de Espadas indicar sensações realmente graves, na maioria das vezes não é assim.

Além disso, ao indicar o final de um ciclo, essa carta nos revela que a pessoa chegou ao fundo do poço em relação às suas desilusões. E a partir de então, as coisas não podem piorar, portanto, vão melhorar.

Princesa de Espadas

A PRINCESA DE ESPADAS

A Princesa de Espadas geralmente indica uma situação que exige raciocínio sem paixão, sensatez, capacidade de análise, rapidez e decisão. Talvez seja até necessário buscar o conselho de um profissional. É importante examinar e considerar tudo o que está escrito antes de assinar qualquer contrato ou documento, especialmente ler bem as letras pequenas. Quando representa uma pessoa física, a Princesa de Espadas costuma ser uma jovem e sua mente ocupa um lugar tão importante quanto o coração. Não é guiada por suas emoções, mas deve se preocupar com as decisões que toma. Adapta-se com facilidade às constantes mudanças e sabe expressar perfeitamente seu pensamento. Utiliza sua espada para chegar até o núcleo de qualquer assunto, eliminando tudo aquilo que a possa distrair ou desorientar. Quando esse arcano aparece em uma tiragem, pode indicar um desafio, talvez para abrir a mente e considerar as coisas de um modo diferente de como se fez até o momento. Se anteriormente não foi capaz de captar todos os aspectos de determinada situação, a Princesa de Espadas mostra como fazer e auxilia a perceber o que está menos evidente. Este é seu conselho: amplie sua mente, aprenda a fazer coisas novas e divirta-se fazendo-as. Procure a verdade, apesar das consequências que isso possa trazer e trate de utilizar a valiosa ferramenta que possui, sua mente.

Invertida

Malícia, hipocrisia, ataques verbais, suspeitas, piadas e chantagem. É possível que alguém esteja utilizando métodos pouco éticos para conseguir informação ou para propagá-la. Uma pessoa maliciosa pode estar espiando ou prejudicando de alguma forma. Alguém pode não cumprir uma promessa que fez e que você estava contando.

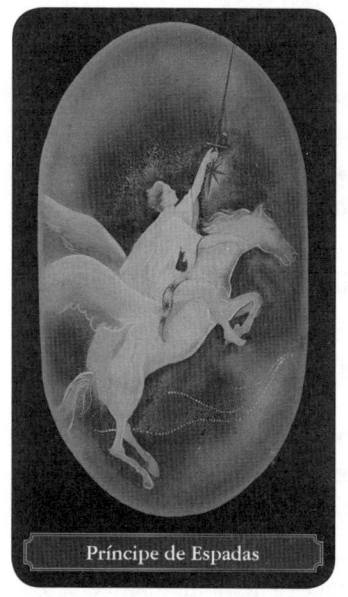

Príncipe de Espadas

O PRÍNCIPE DE ESPADAS

O Príncipe de Espadas é um jovem decidido e valente que entra numa batalha disposto a vencer qualquer obstáculo que se apresente. É um mestre da lógica e da reflexão. Seu intelecto afiado capta rapidamente todos os aspectos de qualquer assunto; fala com clareza e diretamente, sempre com autoridade. Seus julgamentos são seguros e totalmente isentos de emoção, por isso os demais costumam confiar em sua lucidez.

Um dos seus aspectos negativos é não ser diplomático. Quando algo não está bem, costuma falar abertamente. Convencido de sua superioridade, geralmente não é tolerante com aqueles que não são bem-dotados intelectualmente e espera sempre que todos aceitem sem discutir seu ponto de vista. Para ele as emoções e os sentimentos são irrelevantes e ilógicos.

Quando não representa uma pessoa específica, o aparecimento dessa carta em uma tiragem costuma indicar a necessidade de mostrar força, tanto mental como física, mas devemos ter cuidado de não forçar, de não ferir e acima de tudo de não abusar dos demais.

Invertida

Crueldade, abuso e chacota com os mais fracos. Pessoa que encarna as características negativas desse arcano. Não é um bom momento para abrir um negócio, pois, sem dúvida, existem aqueles que farão de tudo para prejudicar seus planos.

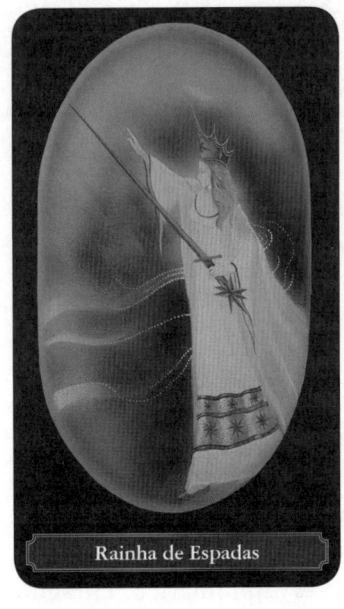

Rainha de Espadas

A RAINHA DE ESPADAS

Essa rainha costuma representar uma mulher inteligente, analista e com sentido de humor, que já sofreu grandes perdas em sua vida, mas mantém a objetividade. Conhece o mundo e as pessoas, por isso não é fácil enganá-la. Sua mente aguçada permite conhecer rapidamente as qualidades e os defeitos de uma pessoa ou de qualquer situação. É sincera e direta, mas nunca ofende ao dar sua opinião. Pode ser médica, professora, jornalista ou dedicar-se a qualquer carreira de tipo técnico. É muito provável que seja uma viúva ou divorciada, sem filhos.

Quando não representa uma pessoa em particular, o aparecimento dessa carta em uma tiragem pode indicar a necessidade de aplicar essas qualidades em nossas vidas: a objetividade, o desapego, a análise, a sinceridade e o sentido de humor. Invocar os poderes da Rainha de Espadas nos permite ver o que está escondido, se é que existe algo nessa situação. Ela considera que as experiências desagradáveis são as que mais ensinam e sempre aprende algo com todos que encontra, mesmo que essas pessoas sejam mais sábias que ela e ao mesmo tempo conscientes da situação.

Invertida

Utilização negativa da palavra falada ou das faculdades intelectuais. Traição, vingança, ressentimento, chantagem emocional, falta de escrúpulos e egoísmo. Pessoa do sexo feminino que dá importância excessiva à mente. Mulher apaixonada pelas fofocas. Sua percepção é clara, mas gosta de enganar os outros. Melhor não confiar nela.

Rei de Espadas

O REI DE ESPADAS

O Rei de Espadas costuma representar um homem inteligente, independente, analista, de juízo claro e capaz de dar conselhos justos. Não leva muito em conta as emoções e procura evitar o contato íntimo com outras pessoas.

Pode ser militar, político, juiz, médico ou alguma figura de autoridade de moral muito elevada, mas pouco interessado com os sentimentos e os problemas particulares do próximo. Desfruta da aprendizagem e do estudo das verdades mais abstratas. Tem experiência com os assuntos do mundo e é hábil na arte da comunicação. Sua expressão verbal é tão clara como sua mente. É capaz de captar com muita rapidez qualquer situação, por mais confusa que pareça, pois analisa de uma maneira totalmente carente de emoção. É uma pessoa identificada por padrões éticos elevados e totalmente incorruptível. Embora nem sempre seja beneficiado diretamente, suas decisões são as melhores para todos os envolvidos. É um líder nato, mesmo que não desfrute especialmente desse papel. Definitivamente, é uma pessoa na qual se pode confiar para pedir um conselho.

Invertida

Exploração, decisões injustas, prejuízos, sarcasmo, egoísmo, suspeitas, acusações e fraqueza de juízo. Talvez essa pessoa sofra alguma injustiça ou então alguém se aproveite dela usando métodos rudes ou sarcásticos. Pode representar também um pai, um marido ou um sócio extremamente severo.

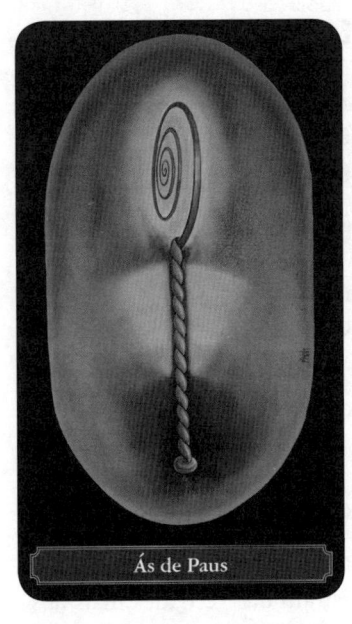

Ás de Paus

O ÁS DE PAUS

Esse arcano costuma indicar um início criativo. O princípio de uma ideia, de um novo trabalho, da abertura de uma empresa ou de uma nova aventura com todos os desafios que representa. Indica entusiasmo sem limites, otimismo, decisão e bom humor.

É um sinal de que se deve proceder com a mesma ideia ou com o plano que se tinha antes.

O Ás de Paus concentra toda a força do elemento Fogo e a canaliza para potencializar a inspiração, o surgimento de novas ideias, a confiança, as invenções, o entusiasmo e a atividade satisfatória.

Pode indicar um nascimento, uma comunicação importante e positiva relacionada ao trabalho ou ao próprio negócio, além de êxito em qualquer empreendimento que se inicie.

Invertida

Lentidão, atrasos, dificuldades, promessas não cumpridas, problemas para começar alguma atividade, cancelamentos e muita energia desperdiçada. Uma possibilidade que parecia promissora, mas que finalmente, após muitos atrasos e dificuldades, não chega a se materializar, causando frustração, desânimo, sensação de impotência e incapacidade.

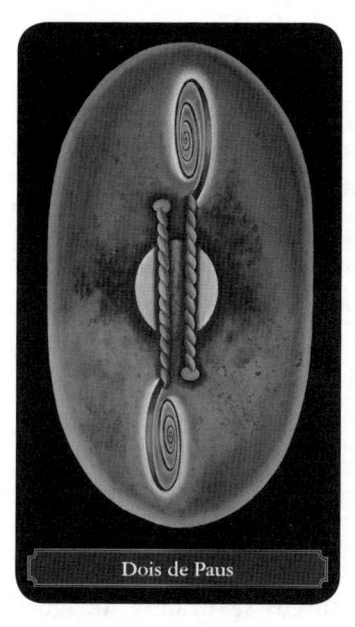

Dois de Paus

O DOIS DE PAUS

O Dois de Paus indica o poder de realizar grandes coisas. Representa a decisão de sair ao mundo e conquistar o sucesso.

É a carta da força ou da energia aplicada. Sua energia é a mesma que a do Mago, porém, num nível mais dócil. Indica o início de uma visão do destino final e, mesmo que essa primeira impressão possa parecer incorreta, isso não é o mais importante neste momento. Mais adiante, haverá tempo para corrigir o rumo, o importante é começar a se mexer em direção às metas, quaisquer que elas sejam. Quando essa energia chega à sua vida, sentirá que é capaz de fazer com que seus sonhos se tornem realidade e alcance suas mais elevadas ambições. Esse é o tempo de entender que em cada momento de nossas vidas podemos criar nossa própria realidade e nos servir disso em benefício próprio.

Todos os números dois têm a ver com algum tipo de união, sendo assim, o Dois de Paus indica um bom período para as amizades, ainda que seja importante ter muito cuidado com qualquer relação que o poder esteja nas mãos de uma única pessoa. Esse arcano nos faz pensar também que na realidade temos sempre o controle de nossas vidas e que, apesar de tudo, de vez em quando algum acontecimento nos surpreende, mas o controle está em nossas mãos. Por isso, é tão importante planejar e saber de antemão qual é o objetivo antes de iniciar o caminho. A indecisão e as dúvidas até aqui são muito perniciosas. Felizmente, essa carta nos proporciona a energia necessária para decidir. Você, ou seja, o poder que reside em seu interior é quem dirige sua própria vida.

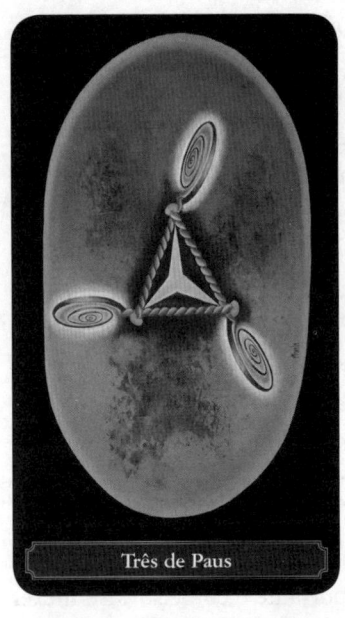

Três de Paus

O TRÊS DE PAUS

O negócio está prosperando, há novos projetos e possibilidades de enorme sucesso na primeira fase.

Talvez algumas negociações estejam em andamento, quem sabe se trata de um novo trabalho ou de uma ampliação do presente. Viagens profissionais, o recebimento de conselhos úteis ou a ajuda do próximo são algumas das situações e conceitos relacionados ao Três de Paus.

A pessoa que já passou pelo umbral do sucesso sabe que todos os esforços realizados até agora começam a dar frutos. Consegue-se um bom nível e uma base sólida que permite encarar os planos para o futuro com certa confiança. Às vezes, esse arcano indica também o comércio com outros países, negócios que envolvem importações e exportações. A pessoa consegue chegar o mais longe possível contando unicamente como seu próprio esforço. Chega o momento de abrir mão dos demais. A colaboração, a ajuda e a participação de outros é vital para o sucesso do negócio ou para a empresa seguir adiante.

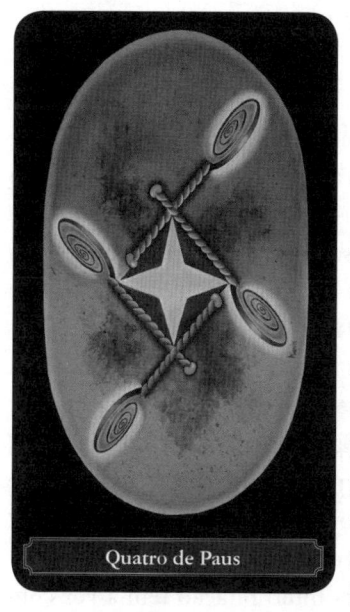

Quatro de Paus

O QUATRO DE PAUS

Essa carta costuma representar acontecimentos ou experiências que envolvem grande alegria.

Às vezes, é algo que chega de maneira inesperada, mas o mais comum é que se trate de uma festa ou uma celebração importante planejada com antecedência; talvez um casamento, um batizado ou uma festa para comemorar o sucesso da empresa. Há reuniões que apresentam um aspecto de solenidade, embora a alegria seja sempre um componente importante.

Pode indicar também a compra de um terreno ou de uma casa, um compromisso matrimonial ou o próprio casamento. Outras vezes, pode indicar um descanso ou umas férias que vêm graças ao bom trabalho ou negócio desenvolvido.

Curiosamente, para alguns, esse arcano tem um significado de liberdade. Indica a eufórica sensação que experimentamos de nos libertar de um peso ou de vínculos que, de certa forma, nos amarram, sejam eles físicos, mentais ou emocionais. É a sensação de sentirmo--nos vitoriosos, sem nada que nos restrinja ou nos reprima. Seja como for, é sempre uma carta muito feliz, sem nenhuma conotação negativa.

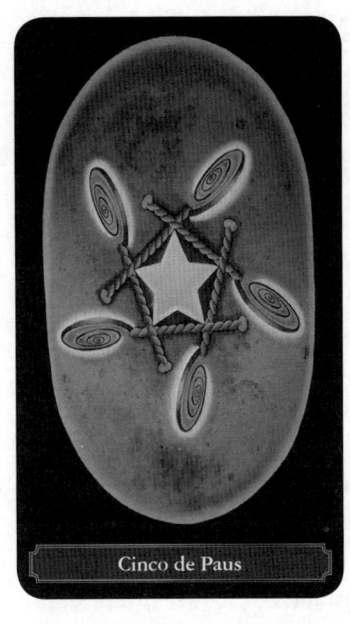

Cinco de Paus

O CINCO DE PAUS

Conflitos externos, brigas, pequenos, mas incômodos contratempos, atividade física e trabalho sem os resultados esperados, problemas e atrasos inesperados. Esses são alguns dos conceitos relacionados ao Cinco de Paus.

Tradicionalmente, essa carta corresponde a dois significados: por um lado, pode indicar concorrência e competitividade, a pessoa se vê envolvida em um confronto, uma disputa da qual terá que vencer; outra interpretação tem a ver com pequenos incômodos, problemas ou atrasos de pouca importância, mas que podem irritar e fazer com que se perca as estribeiras. As situações são diversas: um escorregão em uma casca de banana, um dente que quebra no meio de um jantar importante ou um carro que não liga na hora que se está com pressa.

O denominador comum em ambas as interpretações é o fato de que se terá um gasto considerável de energia, seja contra os outros ou contra os elementos externos. Será preciso lutar e dar o melhor de si.

O SEIS DE PAUS

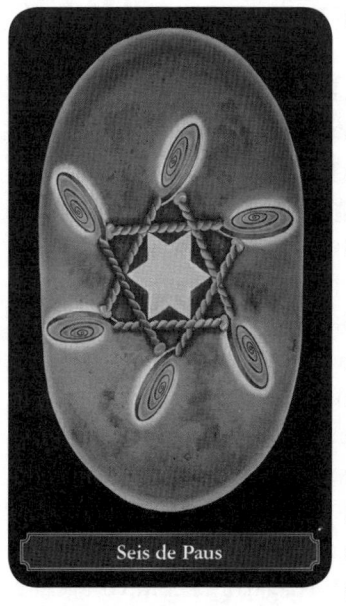

Seis de Paus

O Seis de Paus indica vitória, conquistas, aclamação popular, admiração e reconhecimento dos demais, ambições alcançadas, decisões sábias, êxito, boas notícias e aplausos.

É a carta do triunfo e da vitória. Pode representar ascensão ou promoção no trabalho ou ainda sucesso na carreira. Nos estudos, pode ser a graduação. Essa carta indica que uma batalha foi vencida e que, após muito esforço e trabalho, alcançou a merecida vitória. Se esse triunfo ainda não pôde ser materializado, não deve entrar em desespero, é necessário seguir trabalhando porque, certamente, está muito perto.

Também existe a possibilidade de uma viagem, de boas notícias ou acordos vantajosos. Nesses momentos de glória, é importante não permitir que o orgulho, a arrogância ou a vaidade nos ceguem. Esse é o aviso e o conselho mais importante do Seis de Paus.

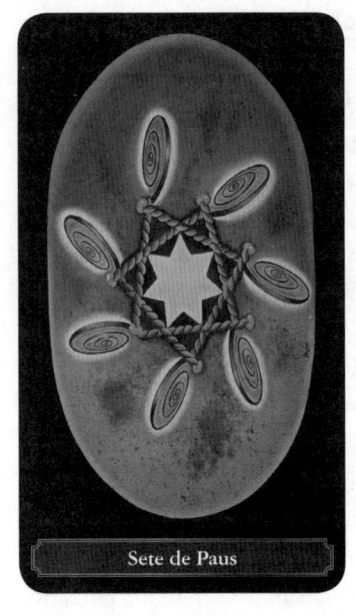

Sete de Paus

O SETE DE PAUS

Essa carta nos ensina a importância de nossa vida diária, não só com relação às coisas boas, mas também com relação ao medo. Ao confrontar nossos medos os convertemos em vantagens, dessa forma nos tornarmos mais fortes para enfrentar e vencer os próximos obstáculos que apareçam em no caminho. Obviamente, não há coragem sem medo que o inspire, mas esse medo não pode nos dominar. Quando a oportunidade bate em nossa porta, devemos agarrá-la com coragem e todo o valor que temos. Quando essa carta aparece em uma tiragem, normalmente significa que devemos defender firmemente aquilo em que acreditamos. Em certas ocasiões, é importante saber o lugar onde estamos para não terminar lutando contra nós mesmos. Assim, antes de investir numa batalha, é preciso parar um momento e saber o porquê de estarmos lutando.

Geralmente o Sete de Paus revela que estamos em uma posição sólida e elevada, de modo que nossos argumentos são os mais corretos, apesar do número de pessoas que queiram nos convencer do contrário. Embora as possibilidades de sucesso possam parecer poucas, lembre-se de que a sorte sempre favorece aquele que defende uma posição que conhece muito melhor que o inimigo. Mantenha sua posição porque assim conseguirá a vitória. O valor é muito mais forte que a força física e um combatente decidido deve sair vencedor dos seus agressores. Evite a indecisão.

O OITO DE PAUS

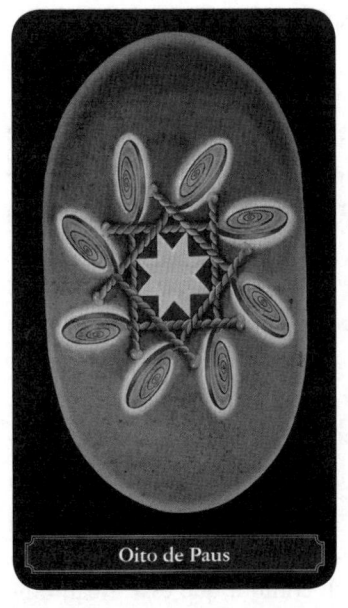

Oito de Paus

Quando o Oito de Paus surge em uma leitura, pode indicar dois lados opostos: o mais comum é que, justamente agora, é o momento apropriado para a ação. Nesse instante, a Natureza, em seu conjunto, pode nos ajudar se focarmos com toda nossa energia e não vacilar.

Talvez estejamos envolvidos no turbilhão de uma ação realmente vertiginosa, mas, quando a situação se tranquilizar, novamente poderemos enxergar o quanto avançamos.

O outro significado é o final de algo, pois tudo tem um tempo para terminar. Dessa forma, essa carta não só pode indicar o fato de colocar algo em movimento, mas também de sua paralisação definitiva; é o momento adequado para terminar aquilo que se está fazendo e se preparar para algo novo.

Às vezes, indica também a chegada de notícias importantes, mas é possível que essa informação chegue de forma inesperada e disfarçada, por isso é muito importante estar alerta a qualquer coisa que possa parecer um sinal, um indício ou uma informação desconhecida.

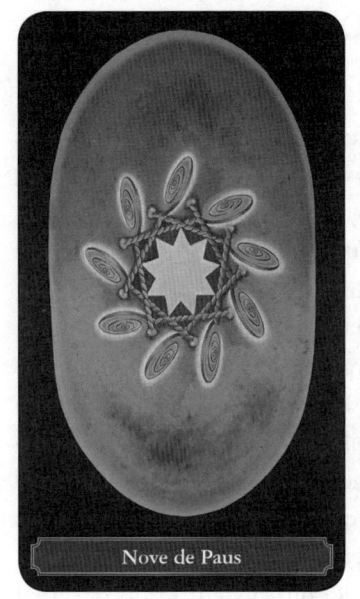

Nove de Paus

O NOVE DE PAUS

Essa carta indica força interior, ímpeto e desejo de seguir em frente apesar das dificuldades. Em tempos de grande estresse, o surgimento do Nove de Paus mostra que, a força necessária para superar obstáculos e vencer está dentro de cada um de nós. A carta indica dificuldades, mas também mostra saídas. É preciso, portanto, estar preparado, atento e vigilante. É importante identificar seus poderes e permanecer de prontidão para saber usá-los em defesa própria.

É comum que esse arcano indique o final dos esforços, o último cume que deve ser alcançado antes de chegar ao objetivo final. Porém, esse último obstáculo pode ser o mais perigoso. Para vencê-lo, é preciso ser consciente de que não é diferente dos muitos que já tem superado. A glória está ao alcance de suas mãos, uma vez que seu interior possui uma reserva de possibilidades que nem imagina. É uma força que todos possuem, mesmo que por alguma razão apenas se manifeste quando necessária. Surge apenas quando todas as demais opções já foram exploradas, quando utilizados todos os recursos e quando nossas energias estão praticamente esgotadas; entretanto, tiramos forças de onde não temos e tentamos uma vez mais. Assim, da mais profunda escuridão surge essa força incompreensível de dentro de nós. É como um relâmpago cuja brilhante luz aparece no momento em que mais precisamos.

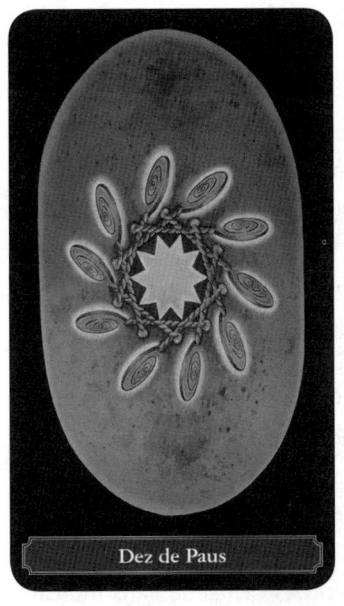

Dez de Paus

O DEZ DE PAUS

Quando o Dez de Paus aparece em uma leitura, pode indicar que você está se desgastando em demasia, ao ponto de colocar em perigo a saúde. Se as 24 horas do dia não bastam para fazer tudo aquilo que se tem que fazer, é necessário reduzir as tarefas e destinar um tempo livre para o descanso e para as atividades prazerosas.

Mesmo que seu trabalho lhe traga prazer, não deve dedicar sua vida totalmente a ele. Entretanto, em certas ocasiões, essa carta indica justamente o contrário: a chegada de um momento em que é necessário assumir uma grande responsabilidade. Nesse caso, indica que vai passar uma época difícil e terá que se esforçar muito para conseguir pequenos progressos e que cada passo adiante será uma nova luta. Por ser eficiente, toda a responsabilidade cairá sobre suas costas, mas isso não significa que se deve levar o peso o tempo sem ajuda. Quando puder, divida com os outros uma parte dessa carga.

Princesa de Paus

A PRINCESA DE PAUS

A Princesa de Paus é o entusiasmo personalizado, passando continuamente de uma coisa à outra sem se importar muito em pensar ou observar. É animada e criativa, com certa inclinação ao teatro. Fervorosa e alegre, mas, ao mesmo tempo, insegura e instável.

Quando representa uma pessoa, podemos imaginá-la se mexendo sem parar – ou saltando – de sua cadeira para a mesa de trabalho que está cheia de coisas espalhadas para resolver. As cartas de Paus indicam o começo; a Princesa de Paus pode significar o início de um projeto e, especialmente, um anúncio – dirigido tanto ao mundo como a nós mesmos – de que estamos preparados para iniciar algo. Nesse sentido, funciona também como uma mensageira, que pode nos trazer grandes oportunidades de romance. Mas o que sempre nos traz de verdade são possibilidades de experimentar a criatividade, o ânimo, o encanto e a inspiração.

Quando a Princesa de Paus aparece em uma leitura, pode indicar a chegada de circunstâncias que emocionam e incitam a realizar grandes feitos. Pode também representar um menino, uma menina ou um adolescente independente, com muita energia e entusiasmo, embora, muitas vezes, seu comportamento pode não estar isento de riscos.

Invertida

Relação desagradável com uma pessoa dominante; desânimo; possibilidade de perder o emprego por preguiça e descaso; indecisão ou falta de energia. Más notícias; alguém que fala mal pelas costas.

Príncipe de Paus

O PRÍNCIPE DE PAUS

O Príncipe de Paus está sempre repleto de energia vital. Nunca sente medo frente ao novo. Os outros podem, às vezes, balançar a cabeça negativamente diante de suas aventuras atrevidas, mas nem por isso deixam de admirar sua valentia e paixão. É encantador e irresistível.

Em sua porção negativa, é possível verificar uma segurança excessiva de si e de suas habilidades, mostrando-se um pouco convencido ou arrogante. Não se pode esperar dele compromissos sérios, pois, às vezes, sua responsabilidade não está segura como deveria estar. Por vezes, age sem pensar e frequentemente se mete em problemas.

Em uma tiragem, pode representar um homem jovem com essas características, ou então, pode ser um indício de que o tipo de energia representada por esse arcano é o que predomina em sua vida neste momento. Por ser assim, e levando em conta os aspectos negativos mencionados, é aconselhável certa dose de prudência e mesura para equilibrar o famoso ímpeto do Príncipe de Paus.

Invertida

Indecisão; instabilidade; oportunismo; mudança precipitada de uma coisa para outra sem concluir nenhuma. O emprego está em risco por falta de constância e seguimento. Estresse pelas mudanças tão aceleradas e desencanto com as pessoas mais próximas.

Rainha de Paus

A RAINHA DE PAUS

É uma mulher empreendedora, talvez com uma profissão independente ou à frente de um negócio. Bem situada socialmente. Quando trabalha, faz parte de cargos diretivos ou de supervisão. É sensível, entusiasta, amável, com muita energia e sempre de bom humor. Defende seus interesses e de seus amigos com todas as forças. É capaz de seguir em frente com vários projetos e trabalhos ao mesmo tempo, atendendo aos negócios e à família. É independente e exuberante, dinâmica e criativa. Pode ser um verdadeiro turbilhão, mesmo sem planejar cuidadosamente o curso de suas atividades.

Geralmente, combina algumas das qualidades da Rainha de Ouros e da Rainha de Copas, embora seja mais prática que a de Copas e mais vivaz que a de Ouros. De todas as rainhas, é a que possui o temperamento mais fogoso e que não se sujeita ao convencional, pois no fundo possui um espírito rebelde que pode levá-la a ser pioneira em alguma área, ou revolucionária, mesmo que suas experiências e emoções sejam maiores que um raciocínio intelectual. De qualquer forma, será sempre uma líder e nunca uma seguidora.

Invertida

Uma mulher neurótica e inflexível, que insiste em fazer as coisas a sua maneira. Uma pessoa ambiciosa, disposta a fazer de tudo para conquistar seus objetivos. Egoísmo; mente estreita; ambição desmedida; mentiras; e infidelidade.

Rei de Paus

O REI DE PAUS

A personalidade desse Rei é uma combinação da energia impetuosa e positiva dos Paus e do aspecto ativo e extrovertido de um rei.

É uma pessoa muito criativa, que não se conforma nunca com as velhas e manuseadas formas de ver e fazer as coisas. Confie em sua originalidade e deixe que sua inspiração tome forma. É entusiasta e torna-se um líder de grupo cada vez que a oportunidade se apresenta, enquanto que os outros lhe seguem com confiança total. Ele se esforça muito para alcançar seus objetivos e jamais se presta a ser um observador passivo, ao menos que essa maneira de atuar seja a mais conveniente para seus propósitos. É decidido, atrevido e gosta de ser o centro das atenções. Evita os caminhos seguros e conhecidos, pois o gosto pelo risco está ligado à sua natureza. Tem convicções fortes e não perde a confiança em si mesmo. Seu aparecimento em uma tiragem, quando não representa uma pessoa com essas características, é uma indicação de que talvez no presente momento fosse conveniente incorporar nossos atos e afazeres à energia eufórica, valente e decidida do Rei de Paus.

Invertida

Intolerância; arrogância; mentiras; dogmatismo; agressão. Uma pessoa intolerante e arrogante que, além de ter um cargo de autoridade, pode criar certos problemas. Necessidade de permanecer parado antes de fazer algo que, no fundo, sabe-se que não é bom.

PRÁTICA COM O
TARÔ DO ARCO-ÍRIS

Um após o outro, saltaram cinco pontes aplaudindo.
Cinco peixinhos loiros. Cinco pequenos arco-íris.

Pedro Garcia Cabrera

Tarô é um instrumento muito poderoso, mas deve ser utilizado apropriadamente e com respeito, não pelo conhecimento que contém, mas por sua capacidade de conectar-se com o mais profundo da psique humana; isso é o que chamamos de subconsciência. O Tarô do Arco-íris pode ser utilizado com sucesso para encontrar as respostas de questões práticas e materiais; entretanto, seu melhor valor serve como um guia para o desenvolvimento da intuição, da qual, por sua vez, nos levará ao desenvolvimento espiritual. Deve ser abordado com respeito e mentalidade aberta. Sem futilidades, pois do contrário nos dará também respostas fúteis. Na verdade, a manipulação do Tarô é uma arte que, como qualquer outra. precisa de um tempo de prática e treinamento. Qualquer um pode aprender a tocar piano. Mas dependendo da vocação de cada, para uns pode ser mais fácil do que para outros.

O que realmente ocorre em uma tiragem é que as cartas escolhidas são um reflexo das imagens que a pessoa mantém em seu subconsciente e o propósito do tarô é justamente trazer essas imagens à luz da consciência. Na verdade, ler o tarô para alguém é quase sempre como ler uma informação que já está em um lado de sua mente, sem que a pessoa saiba. Externamente falando, o processo tem duas partes: a primeira é a ação de escolher as cartas e a segunda é saber interpretá-las.

A verdade é que, para realizar corretamente uma leitura, é necessário saber algo mais do que o mecanismo de uma tiragem e os significados de cada carta explicados nesse livro. Além de grande sinceridade e honestidade, é necessário ter conquistado, por meio da prática, certa habilidade para conectar-se com a intuição, já que as cartas não falam para nossa mente racional, mas sim para o nosso interior.

A maioria das pessoas que usam o tarô com a finalidade de adivinhar ou de consultar, costuma ter um modo preferido de tiragem. Os livros de tarô geralmente mostram muitos tipos de tiragem, pois a gama de possibilidades é realmente muito grande. Em minha opinião, o método utilizado é o que menos importa, o fundamental é utilizar um sistema que lhe inspire, assim como conhecê-lo bem e apreciá-lo, tanto se for inventado por você como se for aprendido de um livro ou de outra pessoa. Uma vez que se tem a ideia do significado de cada carta, o melhor é começar com tiragens simples. Na verdade, cada um dos arcanos, especialmente os maiores, pode ter uma infinidade de significados. Pouco a pouco descobrirá quais são as mais apropriadas para você e as relações que existem entre as diversas cartas e o significado de cada uma dessas relações.

Algumas tiragens pedem para escolher um indicador, ou seja, uma carta que represente a pessoa que consulta. A escolha do indicador pode ser feita em relação ao sexo, à idade, à personalidade ou ao signo astrológico do consulente. Normalmente, utiliza-se como indicador uma das dezesseis figuras da corte. Em seguida, o consulente deve embaralhar as cartas e logo cortá-las. Não há uma regra fixa sobre o número de vezes que se deve embaralhar, nem sobre a forma nem o número de cortes. Muitos preferem que o consulente faça três cortes com a mão esquerda e coloque os três montinhos em forma cruz. Depois, pode realizar a tiragem com as cartas do montinho superior, ou então, juntar de novo os três montinhos em diferentes ordens e utilizar as primeiras ou as últimas cartas do maço para a tiragem. Mas, como sempre, utilizar seu instinto interior para identificar a melhor forma de proceder é preferível que seguir rigidamente qualquer tipo de ritual aprendido em livros.

A tiragem mais simples

Algumas vezes, uma simples carta tirada do maço pode nos dar a informação que precisávamos. Essa seria a tiragem mais simples, a mais rápida e a mais fácil de interpretar. Esse tipo de tiragem costuma funcionar muito bem quando buscamos algum tipo de orientação. Por exemplo, se antes de sair de casa para comparecer a uma importante entrevista de trabalho perguntamos: "Há alguma atitude especial que eu deva adotar durante a entrevista? ".

A tiragem de três cartas

Uma ampliação bastante simples também dessa tiragem é a de três cartas:

Neste caso, a carta 1 indica a situação atual; a carta 2 representa as ações que, talvez, se deva realizar e que são oferecidas para consideração; a carta 3 mostra os resultados que se pode esperar caso se realize as ações aconselhadas.

Essa tiragem de três cartas pode também ser interpretada como se faz no I Ching. Neste caso, elas são lidas como se fossem um pensamento contínuo. A primeira representa o tema principal e cada uma das seguintes vai enriquecendo o assunto com detalhes. Além disso, pode seguir tirando outras cartas até se satisfazer com a informação obtida.

Resposta a uma pergunta

Está em uma tiragem bem simples a resposta a uma pergunta específica.

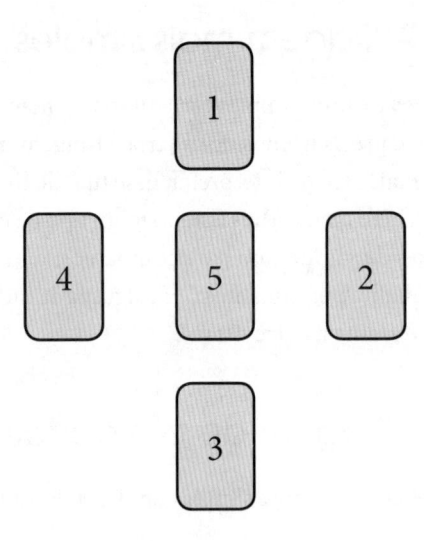

- Carta 1: o porquê da pergunta; motivações, conscientes ou não, que impulsionam a querer saber.
- Carta 2: o que favorece ou prejudica.
- Carta 3: o avançado até o momento.
- Carta 4: a resposta à pergunta.
- Carta 5: síntese e indicações a seguir.

Outra tiragem de cinco cartas

Essa tiragem é apropriada para esclarecer as vantagens e desvantagens de uma situação dada e para saber qual é a direção mais indicada a seguir.

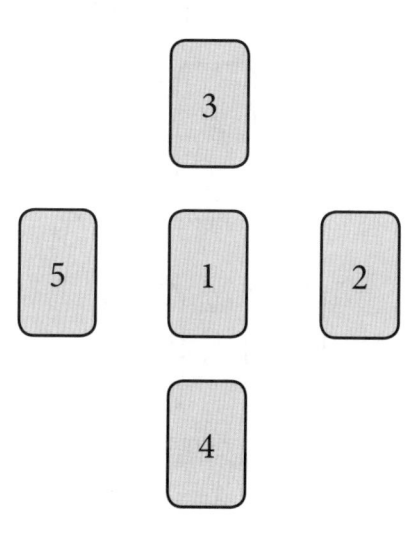

- Carta 1: indica o lado positivo da situação que interessa.
- Carta 2: indica o que se opõe ou entorpece a situação.
- Carta 3: mostra o fator que decide entre ambas as forças.
- Carta 4: possível solução do problema.
- Carta 5: o que se deve fazer no futuro.

A pirâmide

Essa disposição das cartas é muito útil para situações mais complexas, que perduram durante certo tempo. Por exemplo, quando se deseja saber a evolução de uma relação, de um trabalho de longa data ou sobre o próprio progresso espiritual durante essa vida.

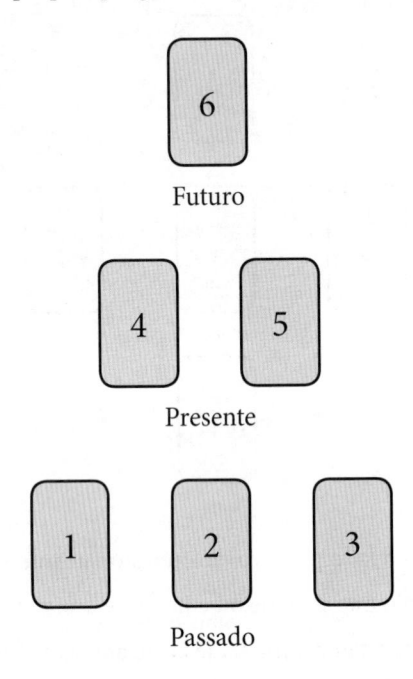

No caso de tratar-se de uma relação amorosa, a interpretação seria a seguinte:

- Carta 1: os inícios dessa relação.
- Carta 2: algum acontecimento importante ocorrido durante a relação.
- Carta 3: indica como a relação mudou em razão desse acontecimento.
- Carta 4: trata da situação atual da relação.
- Carta 5: indica o desafio mais importante que se enfrenta neste momento.
- Carta 6: mostra qual o curso de ação mais adequado que se deve tomar.

A tiragem do dinheiro

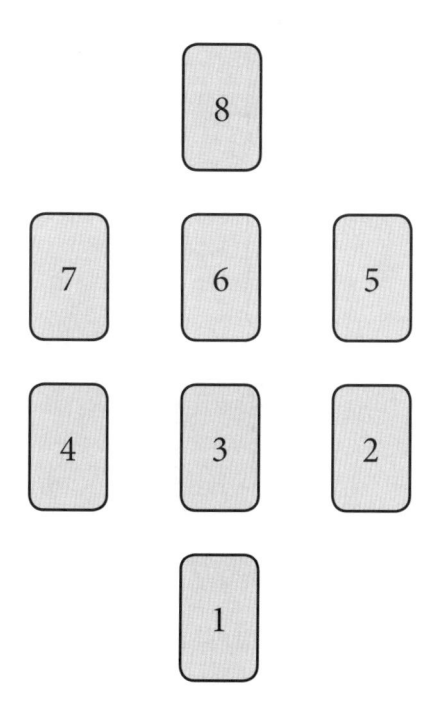

- Carta 1: as preocupações.
- Carta 2: os desejos.
- Carta 3: o que se deve fazer?
- Carta 4: as atitudes em relação ao dinheiro no passado.
- Carta 5: assuntos relacionados à responsabilidade econômica e financeira.
- Carta 6: novos planos econômicos (como poupança, aplicações etc.)
- Carta 7: planos para o futuro.
- Carta 8: habilidades especiais em relação ao dinheiro.

Problemas no trabalho

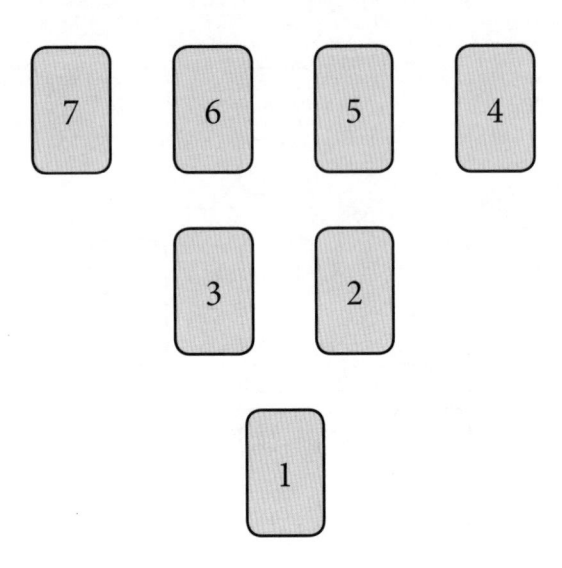

- Carta 1: as preocupações.
- Carta 2: o problema está além das possibilidades?
- Carta 3: deve transmitir sentimentos ao chefe?
- Carta 4: o assunto tem repercussões físicas?
- Carta 5: logo haverá mudanças?
- Carta 6: deve buscar um novo trabalho?
- Carta 7: resultado.

Tiragem para analisar uma relação

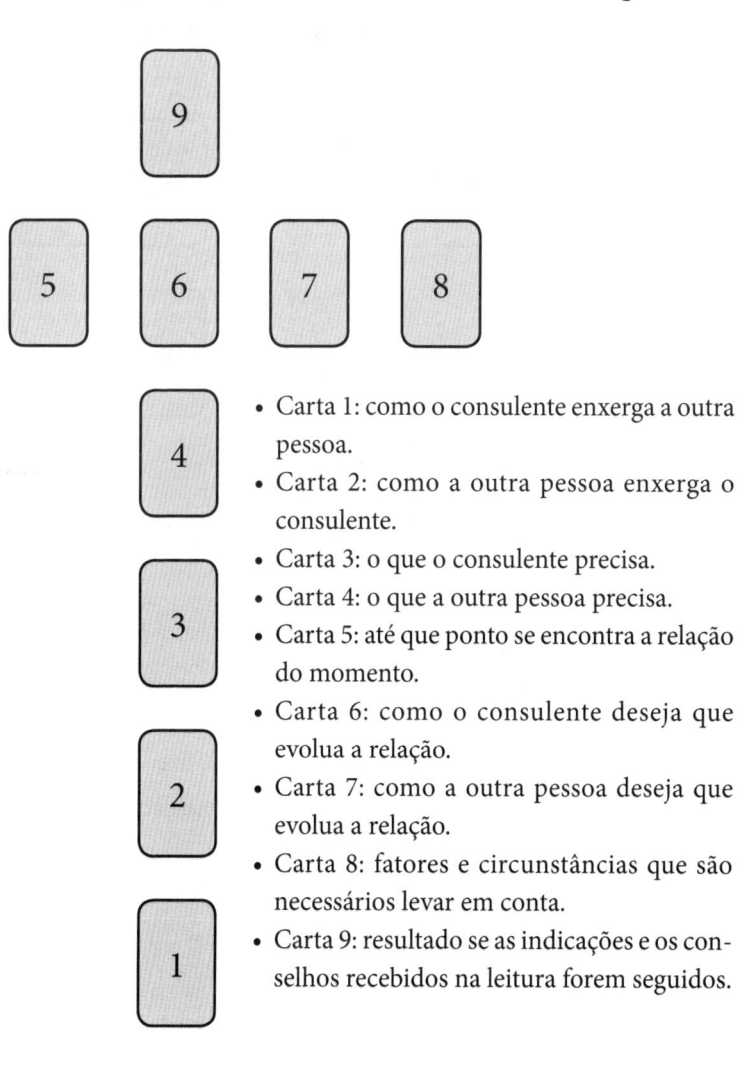

- Carta 1: como o consulente enxerga a outra pessoa.
- Carta 2: como a outra pessoa enxerga o consulente.
- Carta 3: o que o consulente precisa.
- Carta 4: o que a outra pessoa precisa.
- Carta 5: até que ponto se encontra a relação do momento.
- Carta 6: como o consulente deseja que evolua a relação.
- Carta 7: como a outra pessoa deseja que evolua a relação.
- Carta 8: fatores e circunstâncias que são necessários levar em conta.
- Carta 9: resultado se as indicações e os conselhos recebidos na leitura forem seguidos.

Tiragem para pedir conselho sobre realizar ou não uma ação

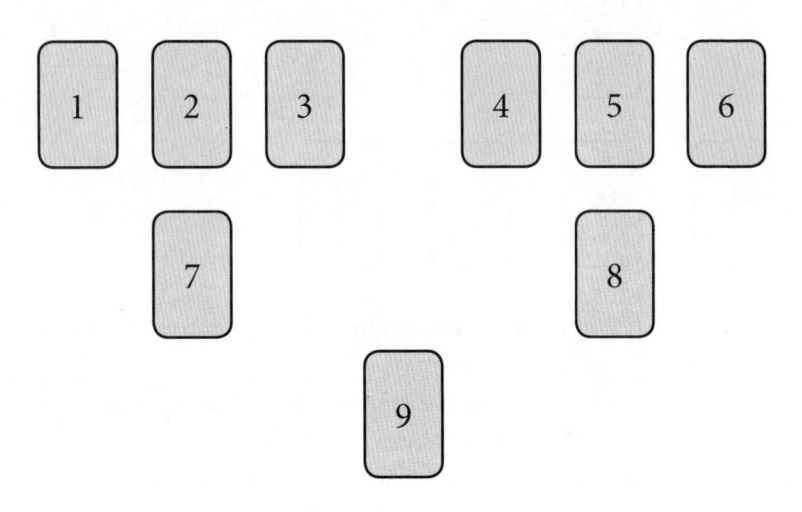

- Cartas 1, 2 e 3: o que vai acontecer se fizer o que está pensando?
- Cartas 4, 5 e 6: o que vai acontecer se deixar as coisas como estão no momento?
- Carta 7: resultado que o consulente pode obter se fizer o que pensa.
- Carta 8: resultado que o consulente pode obter se deixar as coisas como estão.
- Carta 9: algo importante que se deve saber antes de tomar uma decisão.

Tiragem para uma mudança de casa

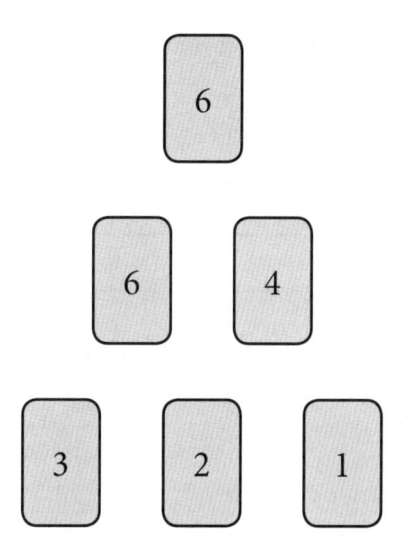

- Carta 1: por que mudar de casa?
- Carta 2: consequências no trabalho.
- Carta 3: consequências para a saúde.
- Carta 4: consequências econômicas.
- Carta 5: será que se sentirá bem na nova casa? Será feliz nela?
- Carta 6: será essa a casa para sempre?

Tiragem das prioridades

Essa tiragem é muito útil para saber qual assunto ou aspecto específico de um problema se deve atender com prioridade.

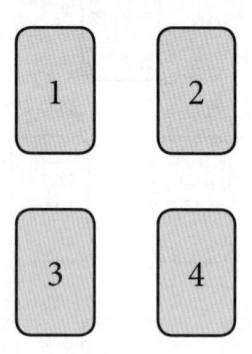

- Carta 1: importante e urgente.
- Carta 2: importante, mas não urgente.
- Carta 3: urgente, mas não importante.
- Carta 4: não é importante nem urgente.

Tiragem sobre o aniversário

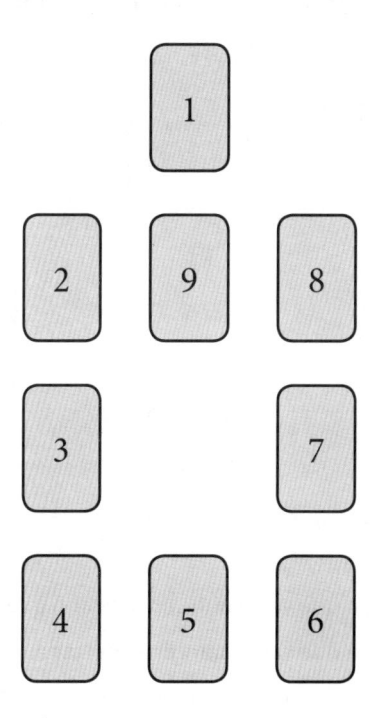

- Carta 1: situação na qual se encontra no momento.
- Carta 2: situação na qual gostaria de estar no próximo aniversário.
- Carta 3: o que dá forças.
- Carta 4: o que precisa fazer para alcançar objetivos.
- Carta 5: a situação física atual.
- Carta 6: a situação emocional atual.
- Carta 7: a situação espiritual atual.
- Carta 8: aquilo que interfere ou intervém entre o consulente e seus objetivos.
- Carta 9: o que deve fazer durante este ano para que os sonhos se tornem realidade.

Tiragem para saber se deve ou não realizar determinada ação

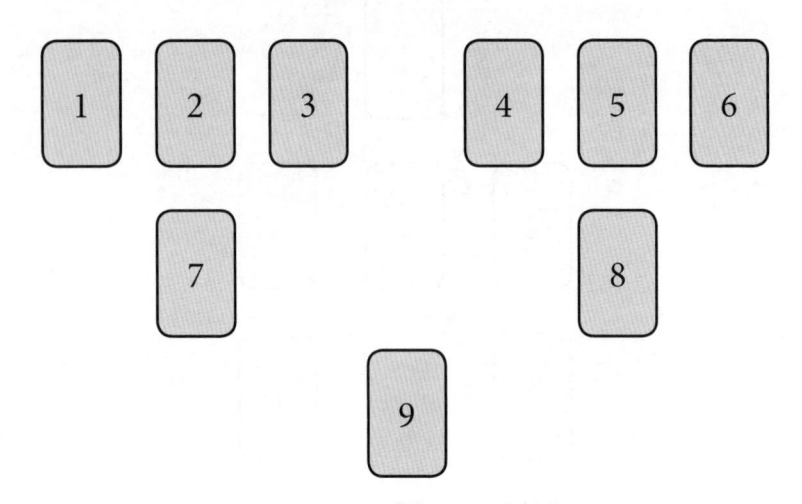

- Cartas de 1 a 3: o que vai acontecer se fizer o que pensa.
- Cartas de 4 a 6: o que vai acontecer se deixar as coisas como estão.
- Carta 7: o que vai acontecer se mudar algo na situação atual.
- Carta 8: o que vai acontecer se não mudar nada na situação atual.
- Carta 9: algo que deve saber antes de tomar uma decisão.

INTERPRETAÇÃO

A melhor maneira de aprender a interpretar uma carta em relação à outra é praticando muito e atentando-se sempre para a intuição. Aqui estão algumas das orientações básicas:

- Observar a sequência do assunto ou da situação.

- Se uma carta parece não ter sentido, tire outra ou mais duas cartas a fim de ter orientação. Se mesmo com essas cartas extras não houver sentido, siga até o final e, na sequência, faça uma nova leitura para o mesmo assunto.

- Se houver vários arcanos maiores, interprete-os em primeiro lugar, considerando que são os assuntos mais importantes ou primordiais. Em seguida, interprete os arcanos menores, considerando que são os assuntos aplicados no dia a dia e indicados no tema dos arcanos maiores.

- Se numa leitura em especial predominar as figuras da corte, descreva o tipo de pessoa que cada carta representa, para ver se o consulente identifica a quem se refere especificamente. Se não conhece, talvez se refira a pessoas que vai conhecer ou a um tipo de energia com a qual o consulente terá que lidar num futuro próximo.

- Se, no curso de uma leitura, lhe vier à mente um novo significado de uma carta específica, ou um novo significado para uma combinação concreta de duas ou mais cartas, utilize esse significado atual a partir deste momento e anote em seu diário.

Mesmo com a conexão que a estrutura interna do tarô tem com os padrões arquétipos de nosso subconsciente, sua aprendizagem se torna muito fácil e transcorre quase sem esforços. É sempre necessário um tempo de prática e exercícios durante sua intuição, que irá confirmar ou modificar os significados aprendidos de outras pessoas ou de livros. O tarô não é mais do que um instrumento, um meio ou uma ajuda para que os conhecimentos existentes no subconsciente saiam à luz do dia. E, se acreditar, como muitos acreditam, que pode utilizá-lo para conectar-se com o Poder Superior, o tarô será para você um meio extraordinário (embora não seja o único) para receber inspiração e instrução da Divindade. De qualquer forma, seja acreditando ou não que se está conectado com seu Eu Superior, ou com Deus, o fato é que terá uma sabedoria inacessível tanto para o intelecto como para a razão. Mas procure sempre atentar-se aos sinais que, sem dúvida, lhe chegarão ao interior. Esse conhecimento direto é o único verdadeiro e real.